與父母相處不內傷

擺脫憤怒與內疚，
與年邁爸媽和平共處的 70 個實用法則

精神科医が教える
親のトリセツ

TAKASHI HOSAKA
保坂隆——著
邱香凝——譯

前言

「他那麼頑固，真是麻煩死了，好傷腦筋啊！」

「他不知道是什麼時候變得那麼任性，真拿他沒辦法！」

「講都講不聽，根本無法跟他溝通！」

你認為以上這些話是在形容誰呢？如果你覺得這應該是在講上了年紀的人的話，或許你懷有「高齡者＝頑固、任性、難以溝通」的偏見。

然而，真的所有高齡者都是如此嗎？打死不聽別人意見，暴躁易怒，總是活在過去又愛鬧彆扭，每個長者真的都這麼難相處嗎？

確實常聽人提到「和爸媽意見不合很困擾」、「爸媽總是聽不進子女的意見，不知如何是好」等煩惱。不過，彼此意見不合或對方不接受自己建議的情形，未必只發生在高齡者身上。工作上因作法不同而與上司或同事起爭執，或是夫妻之間偶爾會溝通不良，這種事也經常發生。

「一樣米養百樣人」，每個人都有不同的想法。正因如此，世界才能順利運轉。可是一旦對象換成了高齡者，卻產生負面思考，認為「年長者就是這麼頑固，很讓人傷腦筋」或者是「年紀一大把了還這麼任性」，我認為這想法是不對的。

舉例來說，要是我們子女那一輩老是把「現在的中年人都很不ＯＫ」或「歐巴桑就是很糟」、「大媽臉皮都很厚」掛在嘴上，各位聽了會做何感想呢？恐怕幾乎所有人都會說「別一竿子打翻一船人」或「我才不是那樣」。

將心比心，我們的父母當然也會這樣想，他們肯定不願意因為被當作「老人」，而得接受別人偏見的對待。所以如果你也「想和父母好好說話」、「想找尋和父母更好的溝通方式」，就必須拋棄「上了年紀的人一定會○○」的想法。

親子之間原本可以輕易解決的問題，之所以經常陷入僵局，原因或許就出在這些偏見上。話雖如此，有些年輕人確實難以理解年長者的獨特想法或思考模式，這是不爭的事實。只不過，那也可以說是他們走過漫長人生特有的思維。只要我們尊重他們的思維，願意接納他們的想法，抱著謙虛的態度對待他們，一定可以與上了年紀的父母溝通無障礙。

最近的親子關係似乎常變成極端的二選一，不是「不得不聽父母說的話」，就是「得想辦法說服父母」，其實不應該如此。若是我們能先理解對方的心情，互相尊重對方的思考與觀念，一定也能在溝通時取得共識。

這本書嘗試從各種角度寫下與父母折衷溝通的方法，希望各位讀者都能從中獲得與父母心意相通的訣竅。

二〇一九年八月

保坂隆

Contents 目次

第二章　整理老家可以不用爭吵，了解父母想法為首要

第三章 父母的財務與遺產問題，要適時介入與了解

第四章　用心化解父母的大小煩惱

第一章

父母究竟在想什麼？

01

不接受建議的父母，不代表就是「頑固」

「在國外拜師學做甜點的兒子要回國繼承家裡的店了。」

某家西點店老闆滿臉笑容這麼告訴我。我不但認識老闆，也認識他的兒子，得知這件事時，我就像為自己的事一樣開心。

沒想到，幾星期後再次造訪那間店，只看到老闆一臉鬱鬱寡歡，卻沒看到應該在店裡的兒子。

「咦？令郎呢？」我這麼問，老闆才不好意思地說：「他在廚房做他自己的事啦。」說完，老闆才把兒子叫出來。兒子一出來，老闆自己卻躲到裡面去，任誰一看就知道兩人鬧僵了。

雖然這麼做或許太多管閒事，但我還是詢問老闆兒子「發生什麼事了」。原來父子倆對西點店的經營方向有不同意見，而起了衝突。兒子的想法是「為了爭取年輕女性客群，想引進最新技術，製作精緻西點，並且增加點心品項」；然而老闆卻認為「我們家的店之所以能經營這麼久，就是因為不模仿任何人，口味維持不變。跟隨流行做那些到處都有的西點，反而會讓常客無法接受。此外，製作精緻西點太耗費成本與人力，所以維持至今的品項照舊就好」，堅持不肯退讓。

我不知道誰的意見才正確，所以對西點店未來的方向無從置喙。但當老闆兒子說：「老爸比以前更頑固了，真拿他沒辦法！這是他上了年紀的關係嗎？真希望他不要那麼固執，應該聽聽我的意見才對！」我聽完之後也告訴他：「你這麼說有點過份了，令尊白手起家創立了這間店，你應該也多聽取他的意見才行。」

我知道很多親子關係之所以出現裂痕，都是因為子女抱持強烈的偏見，認為「父母上了年紀之後，就應該要聽子女的話」的緣故。

雖然俗話說：「老來從子。」但老闆守護這間店至今也是不可否認的事實，多年來一定累積了許多經營的經驗與訣竅。光用一句「頑固」就抹煞這一切，未免太過蠻橫，特別在商場上，這樣輕率的思考也確實很危險。

舉個例子，要是老闆兒子被投資者或上司說「你的計畫在執行面上有困難，太耗費成本與人力」，他一定會重新考慮吧。現在只因說這些話的人是父親，就瞬間失去冷靜的判斷力，一味認定「老爸就是頑固不靈、老古板」，真教人難以置信。

總而言之，與父母意見對立時，應該先冷靜詢問他們為什麼會有這樣的意見，盡可能經過邏輯思考後，再下判斷會比較妥當。

02

只要過得快樂，生活不一定要有明確目標

每個人都希望父母能一直保持健康活力、上了年紀依然能神采奕奕吧。但是，如果這種想法最後卻變成要父母找到自己的生存價值，或者建議他們必須找點開心事來做的話，是否又有點過頭了呢？

事實上，最近為了「我父親沒有興趣嗜好，幾乎整天都在家發呆，頂多偶爾外出散散步，真是傷腦筋」、「家母從早到晚都在家和撿來的貓咪玩，我想讓她找點生活目標，究竟該怎麼做才好」等這些事來找我商量的人增加了不少。

或許因為電視新聞或報章雜誌常報導一些參加義工活動，活出有意義人生的

銀髮族故事，讓人開始產生「希望我家爸媽也能效法」的念頭。但是每個人在生活中能感受到的樂趣不盡相同，讓爸媽自己決定他們想做的事就好。子女干涉太多，只會變成多管閒事。

雖說每天發呆有提高失智症的風險，不值得鼓勵，但人類就算沒有特定的生活目標，日子還是過得下去。更何況這兩位父母已經有散步或照顧貓狗等的興趣，只要他們感到心滿意足，其他人也無須過於挑剔。並不是每個人上了年紀後，都得過著為誰付出或熱衷興趣嗜好的日子。

當然，我不是不明白子女關心父母的心情。但是，過度插手反而會弄巧成拙。回想我們小時候一天到晚被父母叨念「快去念書」也會覺得厭煩吧。那時候我們心裡是不是也想過「我的成績還過得去，為什麼要被罵？」反觀現在父母就和當時的我們一樣，或許也認為「目前日子過得心滿意足，為什麼硬要逼我找出

『生活目標』？」

話說回來，父母和小時候的我們不一樣，已經是擁有成熟人格的大人了，既然他們沒有特別想法，子女也就不必過度操心。

03 別把老邁的父母當成小孩看待

「父母年事已高，在社會上算是弱者，我得盡可能保護他們才行。」

社會上的弱者，指的是收入或體能受到限制，在社會上處於弱勢的人。幫助弱勢是人之常情，但是把同樣的觀念套用到親子關係上，可有待商榷了。為什麼我會這麼說呢？最近我聽到不少人表示自己與父母溝通不良，而我深入了解後才發現，這是因為他們太把父母當弱者看待了。

舉例來說，年長者偶爾忘記了什麼事，子女就緊張得整天反覆叮嚀「明天要去醫院喔，您不要忘記囉」，或是說著「太危險了，這個我來就好。您什麼都不用做」而不讓父母做任何家事。其實這種態度只會傷害父母的自尊心。

上了年紀之後，做起事來難免會變得比較不靈巧，也常會出現失誤。然而，這些都只是外在的表相，絕不代表智力衰退或情感遲鈍。父母被子女當成幼兒對待，當然會惱怒。

只是，父母也知道，這種時候就算他們抗議「不要把我當小孩子！」或堅持「我自己辦得到！」也只會換來子女「您以前沒這麼頑固」、「年紀大了就別逞強」的回應，於是他們大多選擇沉默以對，內心卻默默累積了不少的壓力與不滿。

「父母上了年紀就會變成弱者！」——乍看之下，這似乎是體貼長者的想法，但站在父母的立場，只會覺得「被瞧不起」吧。

最近在兒子或女兒陪伴下就醫的長者增加，這雖然是好事，不過聽到孩子對父母說：「老爸，您要好好聽醫生說的話」，或「老媽，別給護理師添麻煩」的時候，父母總是會露出難為情的模樣。

請記住，不管是八十歲或九十歲，父母永遠都有身為父母的自尊。不顧父母尊嚴，在外人面前說那種對小孩子說的話，只會讓父母感覺沒面子，也難怪他們心情會不好，連血壓都飆高。

近年來，聽到許多人表示自己與父母溝通不良，請試著檢討一下，是不是自己太常把父母當弱者看待了呢？

04 父母的黃昏之戀，需要子女的認同與祝福

大家都知道，現在愈來愈多上了年紀的夫妻會選擇「熟齡離婚」，卻很少人知道也有出現一定比例的「熟齡戀愛」、「熟齡結婚」。不過，或許大家不是不知道，而是「不想知道」吧。

因為日本人常把「都一大把年紀了還……」掛在嘴上，銀髮族如果做出和年輕人一樣的事，總會被批評「太難看」，其中「談戀愛」大概是首當其衝。這是由於日本人對性抱有偏見，向來被視為是禁忌之事。尤其對於自己的父母或是其他長輩，更是不希望黃昏之戀會發生在他們身上。

然而，這樣的想法未免太自私。請回想你年輕的時候，交往對象被父母否決的事。那時大家一定都想過「要跟誰談戀愛是我的自由」、「這是我的人生，父母可不可以不要插手」。既然如此，父母應該也可以自由戀愛，子女也不該過度插手。問題是大家都忘了自己年輕時的經驗，大多數的人一聽到父母談戀愛，馬上就說「絕對不答應」，怎麼會這樣呢？

這種「不答應」或「不允許」的心情，其實包含著對已分離或死別的父母不捨的情感。但是，現代人壽命這麼長，要留下的父母永遠維持單身，甚至獨自緬懷已去世的另一半活下去的想法，實在不太符合現今時代的觀念。

追根究底，戀愛可說是人類本能，硬是阻止父母追求愛情，只會讓他們生命力愈來愈衰退。相反地，談戀愛能刺激大腦活性化，在心情愉悅之餘，說不定還有回春效果。

如果希望父母永遠健康有活力，就不該否決他們去談戀愛，反而該鼓勵他們多享受戀愛的感覺呢。

05

父母個性變得急躁，是因為不想給別人添麻煩

「以前做什麼事都慢條斯理的家母，最近居然變成了急驚風。以前跟她外出碰面，每次都遲到，現在即便我提早五分鐘抵達約定地點，她竟然就已經等在那裡，而且還不高興地說：『你到底在搞什麼，動作怎麼那麼慢，我都等得不耐煩了！』我回她：『可是現在又還沒到約定時間，您來多久了？』她竟然回說：『我三十分鐘前就到了。』著實把我嚇了一大跳。」

像這樣，我經常聽到有人對父母愈來愈急躁的事感到困惑。這種情形往往也導致親子關係產生齟齬。奇怪的是，人上了年紀之後，動作和思考速度應該都變

遲緩，為什麼行事作風反而變得急躁了呢？

這種行為模式的變化，其實和父母「自覺上了年紀」有關。人的年紀一大，誰都沒辦法再像年輕時那樣行動敏捷，不只出門前得花上更多時間準備，走路速度也比以前慢。換句話說，如果用和過去一樣的速度準備或行動，一定會大遲到，無法在約定時間抵達。為了彌補拉長的準備時間與行動速度的遲緩，上了年紀的人往往會提醒自己要早點開始準備。也就是說，父母個性變急躁，是不想給別人，尤其是子女添麻煩。

提早抵達約定地點，在人群中等待是件令人身心俱疲的事。疲倦會帶來煩躁，結果明明是父母自己提早抵達，卻忍不住對子女抱怨。

順帶一提，上了年紀個性變急躁的人，以前多半都是做事慢條斯理的人。為什麼會這樣呢？正因為從前是個慢郎中，經常被人說「動作快一點」、「太慢了」、「別遲到」，一旦他們發現自己行動沒有從前敏捷時，更會擔心自己給別人添麻煩，於是心想為了不給別人添麻煩，得盡早開始準備才行。

如果你也覺得最近父母性子好像變急躁了，不如試著改變約定碰面的地點吧。最好的方法是直接去父母家迎接他們。如此一來，就算他提早準備好了，也不用在人群中枯等，頂多被念兩句，至少也不會因為身心俱疲而抱怨連連。

任何行動的背後都有原因。所以當父母罵你「怎麼這麼慢」時，也不要立刻反駁「是你自己比約定時間早到，憑什麼罵人」，而是去想想為什麼他們會表現得這麼急躁，如此一來，或許能避免親子關係變差了。

06

父母的「唱反調」其實是為你著想

「約父母出遊被拒絕，不約他卻又生氣……父母上了年紀，變得像小孩子一樣老愛唱反調，真傷腦筋！」

這是我認識的一位醫生跟我分享的事。事情的來龍去脈是他過年時回了一趟老家，和父母一起在看電視。

「電視上正好在播旅遊節目，我爸媽忽然就說：『這個季節去泡溫泉最舒服了呢！』『好想去高級旅館享受人家端菜上桌的服務喔！』於是我就想，不如帶他們去旅行吧。

既然要帶爸媽出門，還是問看看他們有沒有想去的地方好了。沒想到一問之下，父母卻說：『……出門玩太累人了，還是待在家最舒服。要旅行的話，你們自己去就好，別顧慮我們。』

由於約了他們幾次都是得到這樣的回答，我也以為就是這麼回事，於是就自己帶妻小出門旅行了。心想至少也要送父母一些伴手禮，就寄了當地名產回老家。沒想到，之後竟然接到妹妹大肆抱怨的電話。

妹妹在電話裡很不高興地說：『哥，你怎麼只顧著自己出門玩，偶爾也該帶爸媽出去旅行啊！上次你回家時，他們不是有說偶爾也想出門旅行嗎？』明明我問了爸媽好幾次，他們都一直拒絕，沒想到事後居然還跑去跟妹妹抱怨。出爾反爾也該有個限度吧，我有些氣到，所以就打電話回老家抗議，而接電話的母親竟然哭著說：『對不起，害你不高興了！』當下我覺得自己好像做錯什麼。如果爸媽真的想去，直說不就好了嗎……」

我想和年邁雙親相處時，一定很多人有類似經驗。遇到這種事的確教人火大，我能體會氣憤的心情。但是希望大家記住，有時父母的「唱反調」，其實是高齡者特有的體貼表現。

期待已久的旅行，卻因為舟車勞頓或認枕頭，導致身體不舒服，像這種經驗，就連年輕人也難免會遇過一兩次。更何況是體力衰退的長者，特別對長途跋涉的旅行肯定會感覺疲憊不堪。可是，父母一想到難得孩子帶我體驗奢侈的旅行，內心滿懷感謝，也就不好意思說出自己身體不舒服的事，深怕掃了開心旅行子女的興。

此外，經歷過二戰後物資貧乏時代的父母，往往視旅行為「特別的享受」。他們不希望自己成為子女或孫輩的包袱，妨礙大家享受旅遊時光，出於這種心情，才會拒絕子女帶他們出門旅行的提議。

話雖如此，但對退休在家的人來說，旅行大概是平淡生活中最有樂趣的一件事了。他們拒絕子女後，卻又經常會湧現「好想去旅行！」的遺憾。就像前面提到的例子，父母忍不住對醫生的妹妹說了失落的心情，但這讓人聽起來就像在抱怨兒子不帶自己出遠門一樣。

站在子女的立場，真的會覺得爸媽是在故意作對，但是對於父母而言，「想去旅行」和「不想去」都是真心話。同時「不想去」的心情中，還包含了「不願給子女添麻煩」的體貼心情，所以，請不要用「故意作對」或「又不是小孩子了」等言詞來指責他們。

那麼，看到父母做出這種看似故意作對的舉動時，又該如何應對才好呢？我的建議是採取「稍帶強硬的邀約」。父母之所以拒絕，是出於「難得孩子有這份心，但不想給他們添麻煩」的心情，所以你可以稍微放低姿態，和父母說：「別這麼說嘛，偶爾也讓我盡盡孝心。」或是說「孩子們都說爺爺（奶奶）如果不跟著去就不想去了，拜託啦，就當幫我一個忙！」像這樣拿孩子當藉口也可以。這麼一來，父母應該會答應一起去旅行。

不過，儘管父母終於願意同行，一如他們原本擔心的，很可能在旅途中會出現身體不舒服的狀況。這種時候千萬不可以對父母擺臭臉。出門旅遊時，旅館外面多半有優美的風景，不妨告訴他們「今天就好好在房間裡休息吧」，或者「能一起出來旅行真是太好了」，「這是值得紀念的回憶」，讓他們放寬心，不要給他們太多壓力。

07

即使年紀大，也仍有挑戰與嘗鮮的精神

「年長者偏好清淡料理，比起吃肉更喜歡吃魚，聚餐最好選日本料理店」，相信很多人都這麼認定吧。所以，偶爾和父母外出用餐，總是選擇精進料理（素食）或是壽司店。

的確，日本人之所以長壽，除了醫療制度的完善外，也因為日本人比其他國家的人更常吃魚，主要過著攝取低卡路里與低脂的飲食生活。而在與父母聚餐時選擇吃素或吃壽司，其實含有子女「希望父母健康長壽」的心願。

然而，年長者總是被邀請品嘗這類較為清淡的餐點，可能會心想大家是不是都認為上了年紀飲食就應該清淡一些，儘管還不到不高興的程度，難免會感到被限制飲食了。

前面也提到過，日本人常把「都一把年紀了還……」掛在嘴上，比方說看到年邁的母親穿顏色鮮艷的衣服，就會說「都一把年紀了，還穿成那樣到處亂跑」，或是看到老爸想實現年輕時的夢想買跑車，又會說「也不想想自己幾歲了，爸爸還是買四門房車比較適合」。會說出這種話，就證明你打從內心認定「老人就要有上了年紀該有的樣子」。

問題是，人不管活到幾歲還是會有想挑戰新事物的精神。或許上了年紀的人會比年輕人更積極也說不定。最近有不少退休大叔會購買跑車或摩托車，也有許多年長者上牛排館時會決定自己要吃多少分量，享受大快朵頤的滋味。舉個比較誇張的例子，三浦雄一郎*即便年齡超過八十歲，仍然成功登上聖母峰。現在只要打開電視或上網就能看到世界上正在流行什麼，因此銀髮族對各式各樣新事物產生興趣也是理所當然的事。

說到這個，我想起平時對我多所關照的資深護理師與我分享的事，她說自己最近也有類似的經驗。

「之前我、家母及女兒有個『三代同堂』的女子聚會，女兒說她非常想去某間爆紅的鬆餅店。到了店裡，我一看菜單，那些鬆餅上面都堆滿將近二十公分的

* 編註：日本知名登山家、職業滑雪選手。一九三二年生於日本青森縣，二〇〇三年與次男豪太攀登聖母峰，創下當時最高齡登上聖母峰的紀錄（七十歲又七個月）；二〇〇八年以七十五歲的高齡，二度成功攻頂聖母峰；二〇一三年五月二十三日，八十歲的三浦雄一郎三度挑戰世界第一高峰並成功攻頂，該項壯舉刷新了世界紀錄。

鮮奶油，所以忍不住對她說：『這裡沒有外婆能吃的東西吧！』沒想到家母卻說：『這個我在電視上看過，很受年輕人的喜愛對吧？我一直想品嘗一次看看呢！』說完便高高興興地點了鬆餅。

後來因為分量太大沒有全部吃完，但那天家母非常開心，還讓外孫女幫她拍了吃鬆餅的照片，每天秀給朋友看。還說：『這家的鬆餅真的很讚，死前至少要吃一次！』」

像這樣，有時我們認定這東西不適合年長者，反而他們會很想嘗試看看。不要擅自限制年長者的喜好，偶爾也可以讓他們體驗年輕人的事物。

當然，有些父母可能不喜歡這種事，所以別忘了要先確認他們的意願。這樣做，相信與父母的溝通一定會愈來愈順利。

08 想做任何事，幾歲開始都不嫌遲

「我現在才去上大學，會不會很奇怪？」

總是來我家幫忙修繕的木匠先生，在休息的時候忽然這麼問，把我嚇了一跳。聽他解釋後才知道，原來他是七個兄弟姊妹中的老四，小時候因為父母沒辦法再供他念書，所以他只好國中一畢業就去拜師學木工。

「拜此之賜，現在我也有一技之長，能靠木工獨當一面，但是『想上學』的心情從未消失。所以，我五十歲開始讀函授高中，現在也已經有高中學歷了，但仍不滿足。去年小兒子出社會找到工作後，我不必再勉強自己要賺錢，所以就想去考大學。但是我和孩子們商量這件事時，他們都笑我說：『現在何必要去念大學？』您覺得七十歲的木匠去讀大學很奇怪嗎？」

我立刻回答：「一點也不遲！請您一定要去上大學，並且拿個學位，甚至讀到碩士、博士，將來做一位木匠教授。」聽我這麼一說，木匠先生的臉都亮了起來。

最近日本的大學升學率雖然將近六成，但在木匠先生年輕時，大概只有兩成左右。因此，現在還抱持想讀更多書的長者，或許比大家想像中還多。

特別是「團塊世代」*這一輩的人努力工作，建立起現在的日本，他們過去也曾經放棄了許多自己想做的事。所以現在他們會有很多想實現的心願。

* 譯註：日本二戰後嬰兒潮（一九四七至一九四九年）出生的人。

然而，當他們這麼說時，卻常遭到子女或周遭的人否決，笑他們「事到如今沒必要去做」。可是現在已經是「人生百年」的時代，即便七十歲才開始行動絕對也不嫌遲。由於大學只要讀四年，順利的話，木匠先生七十四歲就能取得大學學位了。

所以，無論父母幾歲，請不要輕易對他們說「事到如今沒必要去做」之類的話。父母如果有想做的事，就支持他們去做吧——這或許才是最好的盡孝方式。

09

教父母善用行事曆，增加可以做的事

有些銀髮族每天過得很充實，相較之下，有些年長者也會發這種牢騷：

「沒有事可做。」

「每天都好無聊，不知如何是好。」

人這種動物啊，只要空閒時間太多就沒什麼好事。其中，最常發生的就是「酒愈喝愈多」。

許多上班族都想退休後要過「什麼都不做」的悠閒生活，可是實際上退休後，過上一陣子什麼都不做的生活，快的人一星期，慢的人頂多一個月就會覺得膩了。與其說膩，不如說是產生一種類似絕望的心情，覺得時間怎麼過得那麼慢。

為了解決這個問題，人們最常選擇做的事就是喝酒。有人說：「酒是百藥之首。」這話雖然沒錯，適度攝取酒精可促進血液循環與食慾，還有減輕壓力的作用。然而，過度飲酒可就「百害而無一利」了。

但是，日本對高齡者飲酒一事比較寬容，子女就算心想「最近老爸酒好像喝多了」，也只會認為「他這輩子努力工作那麼多年，暫時讓他自由喝兩杯吧」，往往不會加以勸阻。結果導致酒精上癮的高齡者急速增加。

一旦陷入酒精上癮，之後想要戒酒就不容易了。可想而知家人間會出現爭吵，有時甚至會發生暴力相向的情形。正因如此，在演變成無法挽回的情形之前，幫助高齡者解決「每天沒事做」的問題，就變得很重要。

我想推薦給大家的方法，是送一本行事曆給對方。盡可能買高檔的行事曆，收到的人或許會自嘲：「我又沒什麼預定計畫，根本沒東西可寫。」不過，送禮的一方不可就此退讓，只要對爸媽說：「什麼都可以寫啊，回診的日子、孫子來看你的日子、喜歡的棒球選手出賽的日子或電視轉播球賽的日子，這些都可以寫上去。」順便再補充兩句：「上面也可以記錄體重、血壓或血糖數值。」讓他們可以更注意健康。

老實說，寫什麼都好，重要的是讓他們養成每天打開行事曆的習慣。打開行事曆的頻率增加，就會開始思考這十個星期以來有做了哪些事，而在接下來的一個星期要怎麼度過。最後父母就不會過著無所事事，整天發呆的日子了。

或許有人懷疑，事情真的能這麼順利嗎？這是應用心理學中的「霍桑效應」

（Hawthorne Effect）*，跟每天記錄吃了什麼東西就有減重效果的原理一樣。

若是你老愛責怪父母「每天都無所事事，到底在幹嘛！」雙方一定會起爭執。倒不如送他們一本行事曆，因為不是強迫對方的感覺，父母反而能自然而然改變生活態度。

* 編註：意指察覺自己正在被別人觀察時，會想改變自己的言行舉止。

10 騙子女「沒錢」，是對金錢感到不安

「家母一人獨居，嘴上老是嚷嚷『沒錢』、『別太浪費』，她前些日子在家門前跌倒骨折了。後來我接到醫院的聯絡說：『雖然看起來沒有大礙，保險起見還是住院觀察一星期比較好。』便急忙回娘家幫她拿換洗衣物。

想說既然會有一段時間沒人住，貴重物品還是別放在家裡，就把家母的存摺也一起帶走，放進包包前瞥了一眼，金額高得讓我吃了一驚，竟然有將近兩千萬日圓的存款！

我家小孩現在分別就讀高中和大學，補習費用和學校學費都很花錢，我還得

打兩個工才勉強夠用。每次和家母見面她都叨念自己沒錢，說什麼『光靠老人年金日子根本過不下去』，所以我總是會給她一些零用錢，或帶自己做好的冷凍料理給她，好讓她省點伙食費。

這次她住院要三十萬日圓保證金，我還拿原本要付孩子們學費的存款出來用，沒想到她自己竟然有兩千萬日圓的存款……看到那筆數目後，我整個人都火大起來。」

這位女性說她生氣的原因是「母親竟然為了存錢不惜說謊，太過分了」，以及「沒想到她是這麼吝嗇的人，之後得重新思考跟她相處的方式了」。

和以上例子一樣，因為金錢導致親子關係出現齟齬的例子並不少見。尤其是當自己也有子女要扶養，身處經濟最緊繃的三明治世代，實在很難理解父母明明擁有超出必要的財產，卻老是嚷著「沒錢」的心態。

然而，銀髮族對金錢的不安，確實大得超乎子女的想像。儘管我們常聽說父母那一輩的人退休時可領到高額退休金或老人年金，但對他們而言，只要想到現在已進入「人生百歲」的時代，不免產生「自己不曉得還會活幾年，錢再多都無法放心」的想法。因此，他們平時生活會很節儉，盡可能不想花錢。其中尤其是另一半先走一步的人，認為「現在自己只能依靠金錢」的心情一定更加強烈。

所以，就算聽到父母老是把「沒錢」掛在嘴上，也不要太生氣或責備他們很吝嗇小氣。由於往後的人生還不知道得花多少錢，他們對儲蓄是否足以度過晚年生活懷有很大的不安，才會總說自己「沒錢」，並不是要故意欺騙子女。

11 對不擅長使用3C產品的父母多點耐心

有些人會買最新的家電產品或生活用品送給父母，他們大多是抱持著讓父母生活可以更加輕鬆方便一些的想法，然而，這樣的貼心，有時卻會造成反效果。

我有個非常孝順父母的學弟。前陣子，學弟的母親過世，剩下父親一人獨居，他為了讓父親過得舒適些，重新裝潢了老家，換上最新型的浴室和全套電氣化廚具。

「以後只要在電子面板上按一下，就有熱水可以洗澡，也不怕鍋子放在瓦斯爐上忘了關火釀成火災。我以為老爸一定會很開心，沒想到過了一段時間回老家，竟然發現他在那間最新型的浴室裡放了個大澡盆，還在電磁爐上放卡式瓦斯爐和水壺，用那些來燒水。

我問老爸：『這是怎麼回事？難道您不會用電熱水器和電磁爐嗎？』老爸一臉慚愧的樣子，說他試了好幾次都不順利，只好用卡式瓦斯爐燒水倒進澡盆洗澡。

當下我又吃驚又錯愕，只好再念一次說明書給他聽。聽到他說：『嗯、我懂了，這次應該沒問題，謝謝。』我也就放心了。沒想到過一陣子再回家看，卡式瓦斯爐還是放在那裡。老爸又露出羞愧的表情說：『上次你教我時，我覺得自己都聽得懂，但一個人要用時卻用不順手。所以最近我都沒做飯，每天吃泡麵。』

我嚇了一跳，打開垃圾桶查看，裡面真的都是泡麵碗。明明花了那麼多錢買新設備給老爸，卻都浪費了。我心裡雖然湧上一股怒氣，但老爸一臉落寞地說：

『我老了，拿你們年輕人用的高科技產品沒轍，能不能幫我換回原本的浴室和瓦斯爐。』聽到他這麼說，我忽然好愧疚。」

學弟的父親原本是位工程師，在學弟小時候時常教他組合模型，也很擅長組裝電子零件。看到這樣的父親上了年紀後神情落寞地說「自己已經跟不上年輕人的高科技了」，想必學弟內心一定受到超乎想像的打擊。

然而，這位父親受到的打擊肯定更大。一想到兒子為自己花大錢買新設備，自己卻不懂得如何使用，他的內心大概充滿了「為什麼我就是搞不懂」、「年輕時這種東西明明難不倒我」的懊悔，也會對自己感到失望吧。

即使是年輕時雙手靈巧或學東西學得快的人，上了年紀之後也做不好精細手工，或不擅長學習新事物。年輕人或許認為「那種事，只要看說明書就會了吧」，但是對視力衰退的高齡者而言，看說明書上的小字比什麼都痛苦。所以，這種時候，請不要只丟給父母一句「不懂可以去看說明書」，最好能陪他們反覆練習操作。即使父母說「已經會了」，子女也要說「那請您操作一遍讓我看一下」，如果使用還是不太順，就反覆練習到學會為止。

教父母學會用新的電器用品或許很花時間，但是只要學會，日後不只在生活上很方便，也能讓父母擁有「原來自己還能學習新事物」的自信。

若是忽略練習，一旦遇到操作不順利時，父母只會認為「唉，我果然老了、沒用了」、「自己真的不行了」，而陷入沮喪失落的心情。尤其像前面提到的學弟父親，年輕時本來是工程師，有一雙巧手的人，年邁後對自己的退化會更失望。所以即使他們說「算了」，若是時間允許，子女也要盡可能反覆教他們學會。何況最不應該的，就是對父母脫口而出「為什麼您都記不住」，或「我為了您好才買的，您都不使用，真的很浪費！」

年輕人可能現在還無法明白，上了年紀之後，記憶力會衰退到連自己都生氣的地步。但是，年長者並不是學不會，只是需要多花點時間才能上手，請不要以自己的尺度衡量應該教幾次就要學會，重要的是秉持寬容的心和足夠的時間來教他們就行了。

12 送年長者稍年輕化的禮物

各位聽過「自覺年齡」這個詞嗎？正如字面所示，這代表「自認為的年齡」。

每個世代的自覺年齡不同，比方說，小時候總覺得自己比實際年齡大，二十五到三十歲左右時，自覺年齡則幾乎和實際年齡相符，超過四十歲後，自覺年齡通常比實際年齡年輕個百分之二十。

換句話說，六十歲時的自覺年齡差不多是四十五歲到四十九歲，即使已經七十歲了，也會覺得自己還不到六十歲。送禮物時，如果沒有注意到自覺年齡與實際年齡的落差，往往容易產生「好心送禮物，對方卻不高興」，或者「爸媽收到禮物後，都沒有任何反應」的埋怨心情。

這讓我想起一件事。某位有名的女性評論家曾在電視節目上說：「家母告訴我：『送人禮物時，最好選誇張、高調一點的！』我原本聽了很訝異，實際這麼做才發現，這樣收禮的人確實會比較開心。」

前面也提過好多次，日本人經常把「也不看看自己幾歲了」這種負面言詞掛在嘴上。因為這句話，不少銀髮族內心其實是喜歡色彩繽紛的衣服，或顏色鮮艷的飾品，但平常卻只能勉強做些低調的打扮。因此，送誇張、高調一點的東西給他們時，即便嘴上說：「難得人家送禮物給我，就拿起來穿戴一下，這樣對對方也不會太失禮。」其實他們可是非常開心的。

這很像之前強制七十歲以上的駕駛人在車上貼「紅葉標誌」貼紙，最後卻換來「強加高齡者『枯萎』的紅葉形象豈不是太失禮」的抗議，使得警察廳不得不更換貼紙設計，同時也將原本強制貼上標誌的法令改為非強制執行。看在周圍的人眼中，七十歲確實已經算是高齡駕駛，但當事人們卻認為自己還年輕。*

因此，建議送父母禮物時，以「送禮物給比父母年輕十到二十歲的人」的標準來挑選。即使禮物送出後，父母沒有表現出高興的樣子，也不要說他們鬧彆扭或不知感恩。雖然不至於要檢討自己是否送錯禮物，或許下次送禮時，可多再用點心思或下工夫。

* 譯註：根據《日本道路交通法》，一九九七年規定七十歲以上的高齡駕駛必須在車身貼上紅葉標誌貼紙，後來卻因民眾抗議改為現行的四葉草貼紙，而且不再強制執行。

13 可以多多引導父母正面思考

上了年紀的人非常容易擔心這個擔心那個。或許是因為人生歷練豐富，知道「天有不測風雲」所產生的焦慮心情。

尤其近年來，全國各地頻頻發生前所未見的天災，許多銀髮族都說「沒辦法安心過日子」、「連晚上也會穿著外出服睡覺」。

如果是其他人，還可以說句「您真小心謹慎」，但如果連自己的父母都這麼說的話，子女難免會說出「不必擔心到這種程度啦」、「想太多了吧」，或是一笑置之，不把父母的擔憂放在心上。

然而，一旦真正發生天災，第一個直接受到極大影響的，一定是高齡者或病患等弱勢族群，因此年邁父母會有這種擔心也很正常。就算孝順的子女說「有我在別擔心」或「到時候我會馬上趕過來，不用怕」，然而，實際遇上天災時會發生什麼事，誰也說不準，當然會有無法趕到父母身邊的時候。

舉例來說，二〇一一年東日本大地震發生的時間是下午兩點四十六分，大部分的人應該都還在公司。當時即使是離震央很遠的東京，所有大眾交通運輸工具都停止營運，連要回自己住的地方都很難，更別說是趕回鄉下老家，就算回得去也要花上許多時間。何況在救難隊抵達前，得靠自己求生。所以我們實在不該說父母「想太多」。

話雖如此，太悲觀或太擔憂也不是件好事。一下擔心自己生病，一下擔心遇上天災失去住處，出現這類過於悲觀的想法就真的是想太多，而且容易造成心理壓力，對健康有害。

所以，下次聽到父母這麼說時，不妨建議他們「可以想得樂觀一點啦」。這麼一說，有些年長者可能會回「別說這麼不負責任的話」，或是「你這麼說就太掉以輕心了」，但是他們其實是把「樂觀」和「樂天」搞混了。

所謂樂觀，指的是「相信未來不管發生任何事都能順利解決，而抱持信心採取行動」，樂天則是「毫無根據地認為一切總有辦法解決」。換句話說，「樂觀」是事先做好天災的防範措施或疾病預防；「樂天」卻是什麼都不做，等事情發生了才慌了手腳。

老是擔心這個、擔心那個的人，多半會對可能發生的問題事先做好準備，只要好好向父母說明樂觀和樂天的不同，再告訴他們「把能做的都做好，剩下的就順其自然吧，這麼想對身心健康也比較好」。

此外，當父母愈來愈常擔憂晚年的事時，不妨對他們說：「不要想得太悲觀，一定會有辦法可以順利解決的，至少有我在，別擔心。」就算實際上可能有些困難，但能聽到子女這麼說，做父母的說不定心情也會輕鬆一點。

14
勸年長者盡量不要開車的方法

高齡駕駛引發交通事故的新聞幾乎每日可見，家有高齡父母仍在開車的人，一定會擔心「下次會不會輪到爸媽成為新聞中的當事人……」

「久違地回了一趟老家，看到老爸似乎心情很好，就問他：『怎麼啦，有什麼開心的事嗎？』只見他高興地拿出全新的駕照說：『我剛換了新駕照，你看！』老爸今年八十四歲，換新駕照時只有他自己最開心，身為兒子的我心情可是五味雜陳。」

由於類似交通事故今後可能會愈來愈多，為了預防更多的意外發生，政府開始敦促對自己駕駛能力不放心的人自主繳回駕照。不過，一如字面所示，這只是「自主繳納」，毫無強制效力。話雖如此，希望盡可能說服父母繳回駕照的人應該不少。

父母若住在大眾交通運輸便利的城市，就算不開車，生活也不至於產生不便，或許比較容易說服，他們也多半不會抗拒繳還駕照，只要直接說「聽說長輩開車發生事故的情形增加了，你們是不是也該考慮繳還駕照」就好。

然而，若父母是住在一天只有幾班公車，超市或醫院都不在徒步可及之處的話，大多會認為「自己不開車就無法生活」。對於這樣的長輩，就很難勸說他們繳還駕照了。

這種時候或許可以換個說法，先從「不要自己開車，改搭計程車」來一起討論。聽到這個建議，長輩的反應大概會是「如果每次去醫院或上超市都搭計程車的話，很快就要破產啦」。不過，自己養一部車也是滿花錢的。根據JA共濟*的試算，即使是輕型車，每年也得花將近四十萬日幣來維修，普通小型汽車大約是四十五萬日幣。假設連購車經費一起算進去的話，也不是一筆小錢。

相較之下，繳還駕照、賣掉車子，將每個月的計程車錢控制在五萬日幣以內，換句話說，每個月可搭來回五千日幣的車程十次。如此一來，幾乎可維持與之前相同的日常生活。再者，許多計程車公司對自主繳還駕照的人還給予車資優惠，實際上應該可以搭超過十次。此外，搭計程車好處多多，不但不怕打瞌睡，外出喝點小酒也沒問題，生活起來會比過去更安心。若是朝這個方向說服長輩，效果應該不錯。

* 編註：全名為全國農業協同組合互助保險聯合會，負責農民的保險業務。

此外，還可以拿另一件事來說服長輩。在大眾交通運輸不方便的地方，即使只是走路五分鐘就到的地方，人們也習慣開車前往，這點對健康不太好。若是繳還駕照，這種距離就得走路了，不但能鍛鍊腰腿，還有預防失智的效果。所以，在說服父母繳還駕照時，不妨也多加一句「對健康也有好處」。

已經說到這個地步，若是長輩還不肯答應的話，只好退一步拜託他們「至少換成手排車」或「裝上防誤踩油門裝置」。如此一來父母可能會願意接受。

高齡駕駛引發的交通事故多半肇因於「開自排車的駕駛誤將油門當煞車踩」，所以換成手排車將能大幅減少發生事故的風險。而且，手排車駕駛起來比自排車略難，也能讓長輩更早察覺自己「可能已經無法再開車了」。

再來，「防誤踩油門裝置」是用來防止駕駛將油門當成煞車誤踩的裝置，許多汽車廠商都有販售，可洽詢經銷商或汽車修理廠。雖然購買和安裝需要花上幾萬日幣，為了放心讓父母安全地多開幾年車，這也算是必須花的錢。

最後，還有一個有效說服父母放棄駕照的好方法。那就是對他們說「孫子們都很擔心您的安全」。有些長輩聽不進兒子女兒的話，卻對孫兒輩百依百順，所以只要說是「孫子說的」，任何忠告他們都聽得進去。

第二章

整理老家可以不用爭吵，
了解父母想法為首要

15 不是「不整理」，而是「不知該從何處著手」

大概從十幾年前起，新聞節目或知識類節目報導的「垃圾屋」經常引起話題。不只自家室內，有些垃圾屋連玄關外、走道上都堆滿裝了垃圾袋及家電產品、紙箱等雜物。那驚人的景象，大家應該都曾看過吧。

我曾問過電視台工作人員，聽說像這種訪問垃圾屋主或報導整理過程的垃圾屋紀錄片，收視率通常都很高。或許是因為看在觀眾眼中那是「別人家的事」，誰也沒想過自己家會變成那樣。

然而，即使不到垃圾屋的程度，銀髮族家中堆滿雜物的情形可是一點也不稀奇。我有個朋友好一陣子沒回老家，有次回家時一打開大門就忍不住大叫「不會吧，家裡是遭小偷了嗎？」原來她家從玄關到走廊，連樓梯下方都堆滿各種雜物，完全沒有走動的地方。

她的老家不可能缺乏收納空間。那是一棟四房兩廳的透天厝，過去一家四口都在這裡生活。兩個女兒結婚搬離娘家後，幾年前她父親也先走一步，只剩下母親一人獨居，壁櫥和櫃子應該夠她一個人用都綽綽有餘才對。即使如此，家中雜物還是多到連走動的空間也沒有。

因此，朋友忍不住對她母親怒吼：「您到底在幹嘛！把這個家留給你的爸爸看了會做何感想？還有，萬一被附近鄰居看到不丟臉嗎？」

沒想到，老母親露出哀傷的表情回答：「對不起啊，妳說的對，我真對不起妳爸爸。可是啊，媽媽實在不知道從哪裡開始收拾才好。」

上了年紀之後，任誰做事都無法好好按照計畫進行。此外，愛物惜物的心情也比年輕時更加強烈。最重要的是，注意力已經無法像年輕時那麼集中，整理東西的速度比不上弄亂的速度，結果狀況也就變得愈來愈嚴重。

那些把好好的房子住成垃圾屋的人當中，有些是強迫症（OCD）的患者，之所以會變成這樣，是因為他們的心生了病，光是責罵他們也解決不了問題。

大家都知道，屋子要是沒有收拾乾淨，住在裡面的人受傷的機率就會增加。高齡者一旦骨折，往往就會臥床不起，可能會引發失智症，所以無論如何都要請父母好好整理家裡。

然而，無論怎麼勸說，有些人還是堅持「做不到的事就是做不到」，繼續放著不管。如此一來，狀況只會愈來愈嚴重，很快就會變成電視節目採訪的那種垃圾屋。

到了那個地步，除了有受傷的風險，灰塵和黴菌也有危害健康的疑慮，與其繼續勸說，不如我們直接動手幫忙整理還比較快。換句話說，別把打掃家裡的事全部推給父母，子女和孫輩可以一起回老家幫忙清理，或借助專業人士的力量請人來打掃，盡快恢復原狀最重要。

就算打掃乾淨了，由於年長者整理的能力已經衰退，時間一久大概又會慢慢變亂。若是如此也沒關係，只要定期回去探望，幫忙打掃一下就好。

此外，透過打掃，原本疏遠的親子關係也會回溫，與父母的溝通也能跟著變好。所以，請大家考慮看看「是否該偶爾回老家幫忙打掃」吧。

16 捨不得丟還拚命買，家裡才會那麼亂

要解決問題，重要的是先釐清原因。同樣的道理也可套用在整理老家這件事上。那麼，究竟為什麼高齡者的住家環境容易髒亂呢？

最主要的原因是「東西太多了」。我年輕時在美國讀大學，當時我就發現和美國人相比，日本人的東西實在太多了。不只美國，與世界其他國家相比，日本人持有物品的數量都不會輸其他國的人。

以餐具來說，一般日本家庭都有吃西餐用各種大小的湯匙和刀叉、吃中餐的調羹，以及每天都會用到的筷子。碗盤類也是一樣，幾乎所有家庭都備有日式、

中式、西式三種料理專用的碗盤。如果只留下吃日本料理用的餐具，想必廚房裡的東西會減少很多。

此外，日本人最喜歡的「〇〇專用」，也是家中東西不斷增加的原因之一。以剪刀為例，每個家庭都有廚房用剪刀、手工裁縫的布用剪刀、勞作用剪刀、兒童剪刀、剪頭髮的剪刀和修眉刀等各種不同種類的剪刀。這麼做當然也是顧慮到衛生的問題，但在海外，一般家庭幾乎只有一到兩把剪刀，就能因應上述所有需求，也難怪他們的東西會那麼少。

再者，日本人家中的裝飾品也很多。像是我朋友家，有人偶、紀念品大座鐘、乾燥花等等，擺得整個屋子都是。我猜大概都是人家送的，又捨不得丟，就拿出來當擺飾了吧。在歐美家庭裡，一般比較少看到這種景象。

另外，「百元商店」的崛起也是造成日本家庭物品日益增多的原因。每次去百元商店，都會驚訝只要一百元就能買到的商品竟然有那麼多，也往往只因「雖然不是必需品，有的話也挺方便」，或是「記得家裡好像有，為保險起見，還是再買一個吧」之類的理由就買了下來。如此一來，家中的小東西自然愈來愈多。

順帶一提，日本有個將百元商品帶到國外的電視節目。由此可見，國外沒有「百元商店」，外國人看到那些商品，也很意外「日本竟然有這麼方便的東西」。雖然很感謝百元商店的存在，然而站在整理收納的立場來看，卻也是造成物品增加的煩惱源頭。

以上提及了幾種家中雜物變多的因素，應該可以想出幾種解決的方法吧。比方說，將餐具分門別類——即使擁有大量餐具，但是最喜歡、最常用的餐具通常只有那幾種。不妨建議父母，除了常用的之外，其他都可以丟掉或送給別人。

這麼一來，父母大概會說「萬一客人來家裡吃飯，餐具會不夠用」，以這樣的理由反對丟掉多餘的餐具。這時，我們可以回答「想招待客人，可以請他們去附近餐廳吃飯就好，還可以省下收拾的時間與工夫」。再怎麼喜歡做菜的人，餐後洗碗與收拾是非常辛苦的，只要想到不用做那些家事，或許父母也會願意考慮放棄多餘的餐具。另外，還可以減少特定用途的工具，以及將別人送的旅遊紀念品處理掉。其中尤以別人旅行買回來的紀念品，上面承載的既然不是自己的旅遊回憶，丟掉也比較不心痛。

最後要拜託父母盡量別去百元商店買不必要的東西。常常以為「家裡沒有」而買回家的，通常都是「家裡已有」的東西。如果遇到這種情形，請父母將其中一份處理掉。要是他們有所遲疑，就說「反正只要一百元，需要時隨時再去買就好」，相信父母也能接受。

17 別強硬逼父母「斷捨離」，只要不造成危險就好

「你走了之後，現在家裡的這些東西全都會變成垃圾喔！」

最近，演員高橋英樹的斷捨離引起一陣話題，因為他竟然一口氣丟掉了三十三噸家中的物品，不知該說是驚人還是了不起……不過，最驚人的還不是丟棄的數量，而是高橋先生決心斷捨離的原因。原來是他的女兒真麻對他撂下開頭那句激動的話，才讓他下定決心斷捨離。

不過，從高橋先生聽到女兒這麼說就頓悟這點看來，這對父女的感情一定非常好。

一般人要是在久違回老家時說這種話，幾乎只會引發親子爭吵吧。要是父親身體還硬朗，說不定會直接把說這種話的子女趕出家門，向來愛物惜物的母親則可能會直接哭出來。

仔細想想，近十年來屆齡退休的團塊世代，同時經歷過「愛物惜物」與「鼓勵消費」的時代，所以對他們來說，是很不習慣「丟掉東西」的。不只如此，人只要活得久，充滿回憶或具有紀念價值，捨不得丟掉的東西就會愈來愈多。就算子女要求丟掉，或說些「爸媽也該斷捨離一下比較好」的話，大多數人還是無法像高橋先生那麼乾脆。

話雖如此，前面也提過，家中東西一多，人就容易受傷，對健康也會帶來不好的影響，終究必須減少雜物才行。

有些子女作風強硬，認為「既然爸媽怎麼勸說都不聽，乾脆擅自丟掉他們的東西好了。反正他們連自己到底有哪些東西都不記得，丟了也不會發現，完全沒問題」，但我必須說，這種作法絕對不行。

看在旁人眼中只是破銅爛鐵的東西，對當事人而言，很可能是「無可取代的寶貝」，這種事絕不稀奇。這可能是「結婚時媽媽給的嫁妝」，甚至有些人會把私房錢或存摺藏在看似破銅爛鐵的東西裡，萬一不小心丟了，事後很可能發展成嚴重的親子衝突。

即使是不重要的東西，有時當事人也會心血來潮，說著「沒記錯的話應該放在這裡」而找了起來。一旦找不到，他們又會誤以為自己「愈來愈健忘」，反而演變成年長者心情鬱悶的原因。

俗語說：「再親近的對象也要講禮數。」就算是親子，擅自丟掉父母的東西未免太沒禮貌。那麼，該怎麼說服父母才好呢？這時不妨參考「奧卡姆剃刀理論」（Occam's Razor或Ockham's Razor）。這是十四世紀哲學家奧卡姆提倡的理論，簡單來說，就是「要抓住問題的根本，化繁為簡，才能更有效率地解決問題」。

換句話說，想要父母整理家裡的雜物，不必想方設法說明，只要直接說「家裡一雜亂就容易絆倒，萬一受傷臥床不起，還可能罹患失智症，最好趕快整理乾淨」，或者「東西一多，就無法徹底打掃乾淨，而且那些塵埃黴菌有害健康，還是整理一下比較好」，這樣就可以了。

沒有人會刻意想讓自己骨折，也沒有人會故意做有害健康的事。尤其年長者多半擔憂自身的健康狀況，更會盡量避免這種事發生。所以，就把焦點集中在「家中雜亂的壞處」，強調打掃整理的重要性。

不過，這時最好不要說出「快把東西丟掉」或「斷捨離」之類的話。因為銀髮族聽到這幾個關鍵字時，只會產生「太浪費」或「怎麼可能丟掉」的情緒。所以，說服他們時要用「收拾」、「整理」等詞彙代替。

當然，就算子女這麼說，長輩們也心知肚明「最後還是得丟掉」，只是換個說法來說服自己而已。

18 你眼中的廢物，可能是長者心中的寶物

「我婆婆是茶道老師，擁有很多套和服。她的和服按照春、夏、秋、冬分別收在四個大桐木衣櫃裡，而四個大櫃子又並排放在房間裡。

可是，三年前她在八十歲時退休了，除了特別喜歡的和服外，其他的都不太穿了。也就是說，大量和服全部放在衣櫃裡不見天日。就算只撤掉兩個櫃子，房間也會變得寬敞許多，還可以增加使用空間。

雖然我一直拜託婆婆清理衣櫃，她也答應了，然而每次打開櫃子要整理和服時，她又開始說：『這件是大島綢……』、『這件的腰帶是手繪的呢……』結果

一件也沒丟掉。
即使我說：『繼續放在櫃子裡，衣服只會被蟲蛀或褪色，還是想辦法先處理一些吧』，她卻堅持只要小心保存就沒問題。接著我又說：『這幾件起碼三年沒穿過了吧』，她就會說：『我以後會穿啦！』或是『不然妳也拿去穿啊！』怎麼也勸不聽。況且我又不穿和服，這些和服放著只是占空間，真的不能處理掉嗎？」

我們可以看得出來這位女士真的非常煩惱。她的婆婆是茶道老師，想必那些和服應該都相當昂貴，也不是無法理解婆婆不願丟掉的心情。但是另一方面，媳婦認為「不穿的衣服只是占空間，還是處理掉比較好」的想法也有她的道理。

就像這樣，很多親子之間因為價值觀的不同，在「丟」或「不丟」之間產生衝突。然而，光是衝突仍無法解決任何問題。

這種時候，最重要的是「接受對方的價值觀」。像上面舉的例子，若媳婦一味堅持「不穿的和服只會占空間，一點用也沒有」，反而會讓婆婆更加頑強拒絕丟棄整理。那麼，究竟該怎麼做才好呢？

以這個案例的情形來說，我會建議使用「Mercari」或「Yahoo拍賣」等個人拍賣網站。先讓婆婆選出「願意讓給懂得和服價值的人」的和服，再請她當二手賣家，訂出拍賣價。婆婆訂的價錢恐怕會高得賣不出去，但是沒關係，這樣就能讓她明白自己期待的賣價比市場行情高太多。

如此一來，她也會逐步降低售價，直到找到買家為止。或許無法以期望的金額賣出，但心情上至少比廉價賣給二手店舒坦多了。

這種自己成為線上賣家，販售二手物品的模式，不僅非常有趣，現在也相當常見。像這樣在二手拍賣網站上成交幾次後，婆婆應該會開始體會到銷售，以及與買家互動過程的樂趣，或許之後就會願意為自己珍藏的和服找到新主人，如此一來家中的和服也就能慢慢減少了。大家可以試試看這個方法！

19 整理的時間就是「創造回憶」的時刻

「家母在三年前過世了，和她之間當然有各種回憶。不可思議的是，我印象最深刻的是一起整理老家時母親臉上的笑容。一邊回想從前，一邊和我聊天的母親表情十分柔和，那個瞬間，我覺得好久不曾和母親如此心靈相通。如果那時沒回家幫忙整理，或許就沒有這段母女相處的時光，現在回想起來，真的很慶幸有做這件事。」

以上提到的「家母」，其實是我的一位女性友人。和她女兒難得碰面時，她這麼告訴我。本該充滿悲傷的告別場景，聽起來卻是非常溫馨。

正如我一直強調的，子女一定要和父母一起整理老家。除了可以避免日後產生不滿與爭吵，透過一起整理的過程，還能將「不得不丟棄重要事物」的負面想法，轉換為「父母與子女一起回憶過往，盡情暢談」的好機會。

說是「轉換」，或許聽起來有點偷天換日，欺瞞父母的感覺，但彼此在被時間追著跑的忙碌日常生活中，也鮮少有機會可以坐下來聊聊過去的回憶。若能藉著「整理」之名，挖出家中令人懷念的種種物品細細欣賞，也不啻為親子一起暢談昔日種種回憶的大好良機。

那位女兒還告訴我，她和母親有一段這樣的對話：

「您還記得這個嗎？我上小學的時候，您和爸爸買給我的書包，跟姊姊是同款不同色。當時我想要的是姊姊的粉紅色書包，後來我們就用猜拳的方式決定。結果我輸了，姊姊就拿了粉紅色書包，當時我還不甘心地哭了呢～」

「妳們兩個真的一天到晚吵架，只要買一樣款式的衣服，一定會爭著要穿同一件。或許是年齡相近的關係吧，與其說是姊妹，更像競爭對手。」

「這個，可以讓我帶回去嗎？」

聽說她們那天笑著聊了這件事。我沒問這位女兒後來有沒有處理掉當天帶回家的書包，不過可以肯定的是，至少她幫老家減少了一點雜物。

大家也不妨試試和爸媽一邊聊著往日回憶，一邊整理老家吧！

20 用鼓勵稱讚代替責備抱怨

「打理獨棟房子太辛苦了，想搬去公寓住。」

「現在住這裡雖然沒什麼問題，但考慮到將來，還是先改建成無障礙空間比較好。」

有時父母會來找我們商量這類事。當他們試圖改變目前的生活方式時，就是說服他們整理的好時機。

因為父母會提起這類話題，就表示他們有「想過更舒適方便生活」的念頭，即使在整理過程中聽到他們說「不太想丟掉這個」，子女也可以趕快回應「新公寓的設計很現代化，這些東西帶過去會風格不搭」，或者「雖然已經做了無障礙空間，踢到這東西還是會跌倒喔。都花那麼多錢施工了，不要再放一堆東西比較好吧？」像這樣，用正向思考的方式說服父母。

為了「展開新生活」，這時的父母也比較容易說服，不再如過去那般頑固。此外，若想讓日後整理時更順利，有件事得先做好。那就是，事先問父母「無論如何都想留下的東西有哪些」。

一邊分類整理，一邊說「這個用不到了，丟掉吧」或「這個太舊了，還是處理掉吧」，父母可能會皺起眉頭不答應。但是，只要一開始就讓他們選出必須留下的東西，日後要丟東西時，父母就會產生「因為是當初自己決定要丟的也沒辦法」，而不會太過抗拒。

幫忙整理的子女多半抱持著「不管怎樣東西先丟就對了」、「愈快整理完愈好」的強烈心情，一定很想立刻動手處理。然而，一開始若能花點時間取得擁有那些物品的父母同意，之後他們也會漸漸不再抗拒。如此一來，就可順利加快速度整理了。這個技巧正符合了「欲速則不達」的道理。

話雖如此，有時整理到一半，父母又會忽然不開心，嚷著「夠了！我自己來就好，你回去吧！」面對這個情形，子女若是硬要講道理，對父母說出：「盡可能整理乾淨對你們最好，要不然怎麼搬家（改建房子）」，而使雙方爭執起來，整理工作更是不會順利進行。

不管怎麼說，今天整理的主角都是父母，既然他們說要自己來，我們也只能尊重他們的意願。然而，子女也不用摸摸鼻子乖乖回家，不妨可以這麼拜託父母：「那我下次來之前，至少要把這間房間整理完喔！」或「桌上的東西要整理好喔！」

下次再回老家，也要說：「桌面整理乾淨了，用起來就是比較舒服！」或「房間一收拾乾淨，看起來就變寬敞了呢！」具體讓父母知道有整理比沒整理來得更好。這麼一來，他們也會覺得「把家裡整理得乾淨俐落果然比較舒適」，這時再裝作若無其事的樣子問「要不要我幫忙？」父母應該就會答應，整理起來也比上次更得心應手了。

和父母一起整理，速度肯定快不起來。可是這時子女若抱怨「我都特地請假了，快點動手整理啦」，受到催促的父母反倒會連動都不想動。相較之下，能動手整理一點就很厲害了。要是不這麼轉念思考，幫父母整理絕對不會順利。

21 強迫丟棄只會徒留懊悔

「之前居家訪問時，令堂都會請我們進去坐坐，還泡茶給我們喝，最近卻連門都不願打開，似乎不想讓別人看見家裡的樣子。我猜想，令堂可能失去整理能力了，建議您回家探望一趟比較好。」

在這個案例中，某天女兒接到社福人員的聯絡。女兒心想，母親向來愛乾淨，應該不會有這種事，但又想到最近聽說許多銀髮族整理不了居家環境。如果真是這樣的話，得回去幫忙整理才行。因此，女兒便帶著大量垃圾袋回老家探視。結果真的像社福人員擔心的，老家堆滿了雜物與垃圾。驚訝的女兒在羞愧與憤怒之中怒吼了母親一頓後，開始把大量雜物裝進垃圾袋。

儘管不時傳來母親「那個不要丟！」「那是很重要的東西」的抗議，女兒依然不斷把自己認為「不需要」的東西裝進垃圾袋。對女兒來說，母親的心情比不上「無法原諒她把老家弄亂」的氣憤，與「讓鄰居和社福人員看笑話」的羞恥。

就這樣，她在自己的判斷下處理了所有東西，家中才總算變得整潔清爽。陽台堆著裝得滿滿的垃圾袋，打算隔天再拿去垃圾場丟。當晚女兒一路熟睡到天亮，她起床第一眼看到的是亂七八糟的客廳和滿屋的垃圾雜物。原來母親趁女兒睡覺時撕開垃圾袋，把不想丟掉的東西找出來，帶回自己房間了。

站在女兒的立場，自己好心請假回來幫忙收拾，母親卻糟蹋了她這一片苦心和勞力。憤怒的女兒不發一語衝出老家，從此和母親斷絕關係。

子女或許認為自己是「為父母好」、「好心幫忙整理」，無可否認的卻是做這件事時並沒有顧慮到父母的心情。然而，這樣的例子似乎並不少見。我曾聽說有兒子在父親入住安養院時，自作主張丟掉了父親的東西，而導致嚴重的後果。

「在我擅自丟掉的東西裡，好像有對父親來說無可取代的紀念物品。父親個性溫厚，事後雖然沒有生我的氣，只是經常感嘆：『東西已經丟了也沒辦法，可是回憶就這樣沒了，總覺得很寂寞！』自從他搬去安養院後精神一直不好，不到三個月就因腦溢血去世了。

當時我一心想趕著在搬進安養院前把東西都處理完，腦中只有『得快點整理才行』的念頭，現在想想先租個倉庫暫放也是一種方法。然而，我卻讓爸爸在過世前那麼難過，懷著寂寞的心情驟然離世，真的後悔莫及……」

我們都可能遇上各種必須盡快整理的苦衷，但是光看上述的例子也能明白，不顧父母的心情任意丟掉東西，留下的可能就會是深深的懊悔。

22
整理也可能是引發婆媳問題的導火線

「抱歉，妳能替我回老家幫忙整理一下嗎？爸媽說想趁家裡改建成耐震建築前，順便『斷捨離』，原本應該是我要回去幫忙，但平日工作太忙無法過去，只有週末才能去，妳先過去幫忙好不好？」

應該有不少太太曾受到先生這樣的請託，回先生老家幫忙整理。這時有件事絕對必須遵守，那就是「沒有得到公婆的允許，絕對不丟東西」。

特地回一趟婆家的目的既然是幫忙整理，不免會要丟些東西。所以，若公婆主動說「這個幫我丟掉」時，照著做就好。會有問題的，都是媳婦憑自己的判斷亂丟東西，或是擅自說「這東西已經舊了，丟掉也沒關係吧」之類的話，這就很容易引起爭執。即使原本婆媳關係良好，只要做了這種事，關係一定會惡化。

常有人說媳婦嫁過來就像女兒。不過這只是場面話，聽聽就好。事實上媳婦和女兒完全不一樣。比方說，如果擅自丟掉重要物品的是女兒，父母大概會說：「真是的，怎麼亂丟我的東西！」或「那東西對我來說比性命還重要耶！」即便大發一頓脾氣後，終究還是會原諒女兒。

然而，若換成媳婦，公婆表面上或許會說：「沒關係啦，不知者無罪，妳又不是故意丟的，別放在心上！」內心想的可能卻是「絕不原諒妳！」因此心存芥蒂。之後要是遇到什麼事，可能還會挖苦媳婦說：「〇〇，妳上次還把我的寶貝當成垃圾丟掉了呢！」

站在媳婦的立場，「是丈夫拜託我，我才回婆家幫忙的耶！」內心或許感到不公平，但這就是女兒與媳婦的差異，沒有道理可言。

所以，就算認為「這東西一定不需要了吧」，還是得請公婆或丈夫做最後判斷。當然，如果有丈夫的其他兄弟姊妹在場，也可以請他們判斷。這麼一來，事後若公婆追究，就能回答「是△△說要丟的」，不會被怪罪或責備了。

另一個必須注意的是「要關心自己的健康」。幫忙別人整理很費神，而且有許多需要顧慮的事，更何況是公公婆婆的家。因此，一天下來往往累積許多壓力與疲勞。建議各位媳婦們，只要有「好像有點累」的感覺，就要早點收手回家。

這麼做或許會招來「我們家媳婦身體還真差」或「是不是沒幹勁啊」的批評，即使如此，還是應該以自己的身體狀況為優先考量！

23 雜物和煩惱都不要一個人承擔

「整理老家的事都交給你，隨便處理一下就好。」因為兄弟姊妹都這麼說了，就按照自己的想法收拾整理，之後卻落得大家不愉快。有這種經驗的人應該不少。

妹妹跑來說：「你把那個花瓶丟掉了嗎？我很想要那個耶，真過份！」哥哥也來說：「倉庫裡那些陶壺之類的古董，該不會被你偷拿回家了吧？」明明自認是「代替忙碌的兄弟姊妹整理」，卻被他們說成這樣，甚至還被懷疑，也難怪會感到悲哀。早知如此，倒不如一開始就不要去整理老家。

整理時父母如果能在旁邊，或許不會發生這種事。但是整理老家這種事，通常都在父母生病住院或住進安養院時，子女們才會想趁機整理一番。也因此，往往便會發生糾紛。

上述例子裡的那個倒楣鬼，多半是子女中最孝順，也最為兄弟姊妹著想的那個人。正因為一心替大家著想，才會懷著「既然大家都很忙，就讓我來做吧」的心思，主動承擔整理的任務，不料沒人察覺自己這份善意。

如果整理的是自己的老家也就算了。如果是配偶的老家，即使是出於善意，只要擅自處理公婆或岳父母的東西，幾乎都會被質疑「那個東西怎麼不見了？」「記得以前老家應該有不少貴重物品啊？」「你是不是擅自賣掉了？」進而引起糾紛，有時甚至吃上官司。

為了避免這類麻煩，就算自認是為對方好，也不要一肩挑起所有事。無論如何都要尋求他人協助，這一點很重要。

具體來說，當父母拜託我們整理老家時，一定要先聯絡其他的兄弟姊妹，例如：「預計〇月〇日要回去整理老家，希望大家都可以來幫忙。」如果對方回覆「那天我很忙，沒辦法回去」，就要再問「這樣的話，你哪天方便？」盡可能問到對方也能一起幫忙的日期。

這種時候，或許有些兄弟姊妹會說：「我無法確定之後的行程，所以整理老家的事，全權交給你處理就好。」可是，前面我也說過了，千萬不能輕易相信這種話。一定要再立刻強調「我可以配合你方便的時間，不然你指定一天吧。一天而已，應該騰得出時間才對。要是你不能來，就無法整理了。」總之，一定要找出所有兄弟姊妹都到齊的日子。

追根究底，整理老家這種事，本來就是所有手足該參與的「大事」。說「麻煩」或「全權交給〇〇處理」都是不對的。獨生子也就算了，只要是有兄弟姊妹的家庭，就是所有人必須公平分攤的義務。

姊妹們或許會說「做不來粗重的工作」，但是幫忙整理老家也不一定要扛重物。協助詢問父母哪些貴重物品需要保留、把要留下的東西列成清單、搬動家具後的打掃清潔、詢問當地市區公所如何丟棄大型垃圾等等……能做的事還有很多。只要回答「不搬重物也沒關係」就好，不管怎樣都要請她們回來幫忙。

兄弟姊妹們可能好幾年沒有像這樣全體到齊，說來也是個交換近況和重新檢視彼此關係的好機會。對父母而言，看到孩子們齊聚一堂的喜悅，一定遠勝於整理老家的煩悶心情。就連平常聽到子女說「這個可以處理掉嗎？」都會不高興的人，也會因為心情好而更容易斷捨離。這麼一想，兄弟姊妹一起回老家整理，可說是一舉兩得，甚至有想不到的效益呢。

不過，一定也有人會說：「這太麻煩了，我才不想去做那種事！」但是只要把這想成是人生下半場一次重新體會家族牽絆的機會，或許就會願意積極行動了。

24 遇到整理不來的情況時，可以找別人幫忙

「父親過世後，我想把老家的母親接來一起住，並且賣掉老家的房子，於是和睽違數十年的兄弟姊妹重聚一堂，開始整理老家。然而東西實在太多了，多到我們所有人都放棄。老家位在觀光景點，所以我們想把房子包裝成『懷舊古厝』賣出去，再用那筆錢重新裝潢我家，讓母親過舒服一點的日子。只是，老家不知道要到何時才賣得掉……」

一如各位所知，日本現在空屋率急速攀升，有些縣市甚至每四棟房子裡就有一棟是空屋。想把老家包裝成懷舊古厝賣掉的人，能賣得掉都算是很幸運。不只

如此，如果想要賣掉老家的房子，就更要打理得乾乾淨淨，並且著手清理老家堆積的雜物，這可不是一件容易的事。

老家的雜物是幾十年歲月堆積下來的成果，很難在短期內整理完畢。因此，想把老家每個角落整理乾淨是需要訣竅的，由於一般人並非整理收納的專家，要做到並不簡單。如果只想靠自己整理，就必須得做好長期抗戰的心理準備。

要是沒有時間慢慢整理，最好拜託叔伯姨嬸、堂表兄弟姊妹等親戚或朋友全體總動員一起幫忙，或者直接委託專門業者來處理。自己做不到的事就去請人來幫忙——這是不讓自己放棄整理的最好方法。

如果要找業者的話，我推薦「銀髮族人力派遣中心」。銀髮族人力派遣中心是促進高齡者穩定受雇的公益法人，每個地區都有設點，協助高齡者從事較簡單的工作。換句話說，假如協助整理的是和父母年齡差不多的長輩，參考他們的意見來取捨家中物品，也可以減少之後和父母起爭執的狀況。

如果父母因為受傷住院或搬到比較遠的地方，無法在場旁觀整理過程，不妨採用新科技。例如：拍下壁櫥或櫃子裡的影片，傳給住在遠方的父母，請他們看影片決定哪些東西要留，哪些東西可以丟掉。另外，智慧型手機都有視訊功能，可以一邊整理一邊和父母視訊，也能直接問他們「這東西怎麼處理？」「那東西還要嗎？」也是一個不錯的辦法。

最令人感到不安的就是「別人在自己看不到的地方擅作主張」，要是能讓父母親眼看到丟東西的過程，相信也可以消除他們的不安與不滿。

同時，這也是教父母學會使用平板電腦或智慧型手機的最佳時機。如果今後長輩必須得獨居生活，就可教他們怎麼用網路購物，或使用智慧型手機報平安。只要打著「希望爸媽親眼確認」的名目，他們一定願意學習使用方法。

25 整理的第一步是理解父母的人生

一位五十多歲的男士，終於獲得父母「可以整理老家」的許可，於是他決定先從倉庫開始下手。當他從倉庫深處挖出一套高爾夫球具時，心想從來沒聽說父親打過高爾夫球，認定這一定是人家送的，從沒用過就收起來了，便把球具處分掉，後來他父親知道了之後便大發雷霆。

「可是，我從來沒聽說老爸會打高爾夫球啊。」聽他這麼一說，母親才告訴他：「其實你爸爸年輕時立志成為職業高爾夫球選手，只是爺爺奶奶不答應，才會斷了這個念頭。雖然從那之後他再也沒拿過球桿，但是內心一定還有遺憾。」

原本這位男士是出於一片孝心回家替父母整理老家，結果卻做了不孝的事，他實在是非常懊悔。

說來意外，日常生活中鮮少有機會聽到父母提起他們的價值觀或對生活的想法。似乎很多子女根本不理解父母的心情與夢想，因此，到了必須幫父母整理東西的時候，就會像上述案例那樣，做出錯誤的判斷。

即使對方是自己的父母，要理解別人的興趣嗜好並不是一件容易的事。這也是為什麼，很多人誤以為「我家爸媽沒什麼興趣嗜好，單純只是不想丟東西而已」。

其中尤其是在喜歡囤積東西的父母扶養下長大的小孩，往往不想和父母成為同一種人，多半養成「絕對不囤積東西，盡可能擁有最少的物品，過著極簡生活」的性格。這樣的人一有機會整理老家，往往不會去斟酌父母的心情，只是一味丟東西。然而，無論雙親再怎麼年邁，子女只憑自己的價值觀擅自判斷所有東西的去留，絕不是一件值得讚許的事。

舉例來說，有個母親總喜歡用一個有裂縫，看起來很廉價的碗吃飯。孝順的孩子可能會想「不要讓媽媽用那種會漏湯汁的餐具」，但說不定那個碗是初戀情人送她的禮物，又或許是某次重要旅行的紀念品。若是如此，對母親來說，再高級的餐具也比不上那個碗。

即使沒有惡意，我總覺得任意丟棄父母的東西，其實就是不尊重他們。前面也提過好幾次，這種擅自處理父母東西的行為，往往會在親子之間造成巨大的影響。

大家一定要知道，愈是上了年紀，人們愈難適應新事物，同時也會愈來愈依賴已經用慣的東西。因此，千萬不能用「這個比較好用」為由，擅自丟棄或換掉父母慣用的物品。這麼做其實會增加父母的不滿情緒，有時還可能害父母一夜之間變得更加蒼老。

因為各種原因著手整理老家時，或許可以事先問問父母：「對了，爸爸年輕時的夢想是什麼？」或「媽媽學生時代最熱衷什麼事？」此外，也可以特別詢問：「對您而言，重要的事物是什麼？」「在您們的人生中占了很大比重的是哪些東西？」如果能先知道這些，多少也能找出整理老家的重點。

26

利用3C產品，保存大量照片與信件

「家父某天忽然說要去住安養院。由於半年前家母驟逝，我看老派的家父大概無法一個人生活，正考慮請他搬過來一起住時，他就這麼說了。看來他和家母似乎從以前就決定好『一人先走後，留下的人就要去住安養院，不要給孩子添麻煩』。」

聽父親這麼說了之後，這位兒子便開始做這方面的準備。因為整理老家的事父親無法獨力完成，於是他也去回去幫忙。整理時父親總是斬釘截鐵地說「全部丟掉就好」，所以整理起來幾乎沒什麼問題，唯獨從壁櫥深處清理出過往的相簿和信件，實在不知道該怎麼處理。雖然父親說：「看了就會捨不得丟，還是別看了，趕快丟掉吧！」但兒子不確定是否真能丟棄這些東西，到現在還煩惱不曉得該怎麼辦。

近年來，使用數位相機和錄影機已經是當前的趨勢，拍下的照片與影片可以保存在郵票大小的記憶卡裡。因此，最近把照片洗出來再放進相簿的人減少許多，幾乎所有人都將照片和影片存在電腦裡，心血來潮時還能隨時打開欣賞回顧。

然而，昔日的照片與信件又另當別論。相簿需要花費心思收藏，又很占空間，正因如此才想要整理，卻因照片和信件上充滿了各種往日回憶，一想起來就捨不得丟。要是真的丟了，心中還會滿懷罪惡感。聽說有人希望火化的時候要把相簿一起放進棺材。仔細想想，要把所有相簿和信件都放進棺材還真不容易呢！

「看了就捨不得丟，還是快點丟掉！」長輩會說出這種話的心情也不是無法理解，既然會說這種話，就表示對那些照片與信件還有留戀，萬一真的按照長輩吩咐全部丟棄，日後可能留下遺憾。這種時候，解決方法有兩種：

一種是請長輩從所有照片與信件中選出真正重要的留下來。可將選出的照片裱框掛在隨時看得到的地方，這樣就能永遠珍藏美好回憶了。

篩選照片需要時間，對擁有閒暇時間的銀髮族來說，是最適合也不過的任務。此外，一邊篩選一邊回顧昔日往事，還有預防失智症的效果，就請長輩慢慢仔細篩選吧。

另一種建議是可將相簿一頁一頁拍照或掃描，也可用相同方式來處理信件。最近DVD光碟的保存容量很大，若是使用藍光光碟，更可以將相簿及信件全部轉成數位檔案保存。如此一來，物理上既不會占去太大空間，也不用拋棄往日回憶了。

27 無須和父母爭吵，用三個紙箱無痛丟棄物品

當開始篩選家中有哪些東西要丟棄時，請先準備三個大紙箱，分別貼上「今後請多多指教」、「感謝至今的貢獻」與「需要時間再思考」的紙張。接著，將今天預計要整理的所有東西，分門別類放進三個大紙箱內。

之所以寫上「今後請多多指教」、「感謝至今的貢獻」與「需要時間再思考」，是為了讓「捨不得丟東西」，以及有「至今派上這麼多用場的東西，說丟就丟太過意不去」想法的父母，在丟棄物品時心情能好過一點。這麼一來，不但能好好表達愛物惜物的心情與感謝之意，也能減輕丟棄物品時的不捨心情。

在將不要的東西放進「感謝至今的貢獻」箱子時，幫忙整理的人最好也能跟著說「非常感謝」、「至今承蒙照顧了」之類的話，為「基本上不想丟任何東西」的父母減輕罪惡感。

口中說著：「這些都是有價值的東西，可以拿去送人，一定會有人想要。」而把不要的東西又拿去放在其他地方的銀髮族也不少。然而，最好勸他們打消這個念頭。

那些受到父母珍惜的物品，強烈反映著父母本身的品味與喜好。如果把這些東西送給價值觀不同的人，收到的人可能會不知該如何是好，反倒造成他人的困擾。所以你可以和父母說：「要是別人收到自己用不著的東西，一定也很傷腦筋吧！」引導他們把東西放進「感謝至今的貢獻」紙箱裡。

當父母覺得可惜，無論如何都不想丟東西時，或許可以試著在院子裡或家門口擺個「車庫拍賣會」。有時出乎意外地有一些人會來買，如此也能為堅稱「這些東西還有價值」的父母保住面子。

第三章

父母的財務與遺產問題，要適時介入與了解

28 弄清楚父母目前的經濟狀況是第一要件

「有天忽然接到市公所打來的電話，說家母申請了低收入補助*，問我是否是沒有能力照顧家母。我大學畢業後一直在離老家很遠的地方工作，幾乎沒有回家。可是，母親從來不曾要求我寄錢回家，我就一直以為她的生活還過得去。所以當我接到公所的電話時，真像是頭上被淋了一盆冷水，覺得好丟臉！」

日本人容易有將金錢視為不潔之物的傾向，愈是關係親近的人，愈會逃避談

* 譯註：日文原文為「生活保護」，是日本政府對清寒或弱勢者的金錢補助制度。

論金錢相關的事，尤其親子之間更是如此，所以才會發生以上的案例。

追根究底，父母即使經濟困窘，因有「唯獨不想給子女添麻煩」或「自己還沒貧窮潦倒到得去依靠子女」等原因，而瞞著孩子不說的例子非常多。

不只如此，經濟困窘的原因不只是儲蓄或年金不足，有人是做了自己父母或親戚的擔保人，因而揹上鉅額債務，這種事也屢見不鮮。近年來詐騙集團盛行，特別是欺騙對方轉帳匯款，使得不少銀髮族寶貴的積蓄都被騙光光。結果連土地和房子都沒了，不知不覺淪落為只能住到破舊公寓的大有人在。

不管怎麼說，一旦知道父母經濟困頓，子女不可能視若無睹。可是，像上述例子，忽然從第三者口中得知實情，的確是令人措手不及。日本人的男女平均壽命皆超過八十歲，遇到這種事情時，子女連自己都很可能已經是領老人年金的年紀。這麼一來，這筆不在預期內的花費不僅影響個人晚年的生活，還可能造成夫妻感情生變。有兄弟姊妹的人，或許還會互相指責對方為什麼沒能在父母落到這般田地前察覺，而大吵一架。

為了防止事情落到這步田地，子女都該好好了解父母的經濟狀況。若是知道父母的儲蓄、保險和老人年金足以支持他們的晚年生活，也能比較放心。另一方面，要是父母積蓄不足，也可及早對應，不至於演變為太沉重的負擔。

可能會有人說「光是維持自己生活已經很吃力，雖然對父母感到抱歉，但實在無法照顧他們」，這種時候可以向市公所說明實際狀況，申請低收入補助也是一個不錯的方法。

29 詢問貴重物品時，可以套入假設的情境

「因為聽了您的建議，我回老家時就問了家父：『老爸您的保單和存摺，還有我們家房子的權狀都放在哪裡啊？』家父聽了之後，忽然板起一張臉罵我：『你都這把年紀了，還想啃爸媽的老本啊？』和父母談錢的事情果然很難。」

我有個學弟給了我這樣的反饋。雖然我曾說子女最好能掌握父母的經濟狀況，但像這樣毫無預警、單刀直入地詢問，父母會做出這種反應也很正常。

看到久違回家的孩子一開口就問「存摺和權狀放在哪裡？」任誰都會覺得「這孩子是不是想打我老本的主意？」產生類似的被害妄想。

父母之所以產生這種抗拒反應，正是平時親子之間太少提及金錢的話題而導致的後遺症。為了避免產生這種反應，需要一點說話的技巧。

比方說，不妨參考我一個熟識的實際例子：

「同事的爸爸平常一人獨居，有天忽然昏倒被送到醫院，那時我同事找不到父親的健保卡，也不知道存摺放在哪裡，要辦理住院手續和支付醫藥費都很麻煩。老爸您身體還硬朗，是還不用擔心這種事，只是為了預防萬一，請跟我說一下你的健保卡和存摺放在哪裡吧，這樣到時候我才不會手忙腳亂。」

你可以這樣說說看。重點在於，長輩最在意的事就是自己的健康；最擔心自己給子女添麻煩。舉出跟他年齡相仿的人的例子，說明當健康出狀況時，若子女不知道貴重物品放哪邊會不知所措，相信父母也能感受到東西若是交代不清楚，會帶給別人不少的麻煩。

另外一個建議是請父母寫下「臨終筆記」，以備不時之需。臨終筆記內容包括族譜、自己一生的年表、要跟家人說的話、財產一覽表等。比起從旁打探與金錢相關的事，讓父母自己寫下相關事項要輕鬆多了。站在父母的立場，這就像是為自己的人生做個總結，避免留下太多遺憾。

或許會有父母怒斥「寫那種東西太觸霉頭！」這種時候只要說：「人都有一死，您也不希望到時候葬禮不如自己的意吧？所以先寫下自己想怎麼做比較好喔。」一聽到子女這麼說，就算心不甘情不願，父母多半也都願意接受。

有些人會將臨終筆記寫在普通的大學筆記本或行事曆上，那樣恐怕會有遺漏，建議寫在專用的臨終筆記本上比較好。比較大的書店或文具行都有賣，一本大約一千到一千五百日圓。

30 釐清父母財務狀況的訣竅

很多人可能不以為然，認為「我是爸媽的親生孩子，他們都很相信孩子，才不會把孩子當成小偷」。可是，這只是子女單方面想法。想讓父母主動談財務，必須得「按部就班」進行。

第一步是在日常生活對話中加入與經濟狀況相關的話題。舉例來說，像是「消費稅和物價都上漲了，花費愈來愈多了吧」、「這麼多藥袋，看醫生是不是花了不少錢？」「偶爾去旅行一下也不錯啊」、「家裡的冷氣機用十年了，聽說最新機種很省電，要不要換一台看看？」像這樣在閒聊中加入與金錢有關的話題。

人對自己關心的話題特別容易有反應。因此，如果父母財務狀況不佳，聽到這類話題時，反應可能會是「旅行啊……想去是想去，可是手頭不夠寬裕，很難成行啊」，到時只要順著這個反應接續話題就行了。

假設父母對子女提起的話題興趣缺缺，不妨說些「有沒有冰塊」或「我想喝麥茶」之類的寒暄，裝作若無其事的樣子看看父母家的冰箱，確認冰箱裡的食材數量與種類有沒有改變。如果冰箱空蕩蕩的，只放了貼上折價標籤的食物，或許表示父母經濟真的有些拮据。不過，上了年紀的人本來食量就會變小，也有人就是生性節儉，不能光靠這些來完整判斷，只能說，觀察冰箱確實可當作父母經濟狀況及健康狀態的參考點。

此外，許多銀髮族都考慮將家中改建為無障礙空間，不妨用這個當作「話題的切入點」。例如，可向父母提議「好久沒回來，這才發現浴室門口高低落差滿大的，上了年紀的人最怕摔跤，是不是把家裡改成無障礙空間比較好？」

這麼一來，父母可能回答「其實已經預約好工班了」，或是「雖然很想做，但那好像很花錢」，從他們的回答就能延伸到與金錢相關的話題。

最好能像這樣裝作若無其事的樣子與父母討論與金錢相關的話題，引導他們主動說出「我現在的積蓄有〇〇，沒問題的」，或「差不多該整理一下財產，也讓你們有個概念比較好」。

不過，即使談到與金錢相關的事，子女也不要說出「財產」或「繼承」等關鍵字。對銀髮族而言，這些字眼太現實，聽到子女提起這些，父母可能會頓時閉嘴不談。

按照步驟將話題引導到與金錢相關的事後，子女就要採取被動的立場，這才是讓父母主動談起金錢話題的訣竅。

31
掌握談論財務話題的時機

「有病患按了護士鈴，當我趕到病房時，有幾個看似病患家屬的人正在追問他『房子的權狀放在哪裡？』『股票是交給哪間證券公司處理的？』可是病患看上去很不舒服，我不由得火大起來，忍不住對家屬說：『病患現在狀況危急，請各位先離開病房。』那些人心不甘情不願地出去後，病患對我說：『謝謝妳幫忙。』現在想想，我會不會做得太過火了啊？」

曾有一位護理師這麼對我說。護理師受過專業訓練，無論遇到任何情況都不會太過情緒化，能讓這位護理師「不由得火大起來」，可見狀況多讓人生氣。不過，既然之後病患都向她道謝了，可見把沒禮貌的家屬趕出病房是正確的決定。

這個例子舉得雖然比較極端，但我想說明的是提出與金錢相關話題的時機有多重要。無論如何，最好在父母精神及身體狀況穩定的狀態下討論這類話題。

身體不舒服的時候，人往往會陷入悲觀或叛逆的情緒。一如前面那位護理師看到的，病患在住院臥床的狀態下被追問跟錢相關的那些事，不但會沮喪地想「我是不是快死了，所以孩子們才想趕快問這些」，甚至會產生叛逆的心情，心想「孩子太無情了，看到我住院就開口提錢的事情。就算是家人，我也絕對不告訴他們！」

在父母身體狀況不好時，最好能讓他們專心療養，以求早日康復，身為家屬，必須要有這方面的考量。

此外，愈是平日沒有良好溝通的親子，愈難掌握談論財務話題的時機。有些人十幾年沒回過老家，好不容易回來，開口就是「爸媽現在有多少存款？」父母聽了當然會不開心，認為「比起父母自身，你更關心父母的錢吧！」

因此，如果擔心父母已經年邁，更該比過去頻繁造訪父母，和他們多多互動溝通。話雖如此，假設真的有困難，也沒必要強迫自己每星期都要回老家一趟，像平常一樣打打電話，用通訊軟體傳傳訊息，並在重大節日像中元節和過年再回家探望父母也可以。

不過，身為兒子的人，除非和父母感情特別好，要不然多半都苦於「和父母沒有共通話題，打電話給他們很痛苦，根本不知道要講什麼，更別說是傳訊息問候了」，或「難得休假，只想在家陪伴家人，實在懶得特地跑回老家一趟」等，出於這類原因而與父母疏於溝通的人非常多。

可是，站在父母的立場，「就算不知道要講什麼，只要聽到兒子在電話裡說聲『最近好嗎？』或是偶爾收到訊息就很高興了」，其實也不用特地說什麼或做什麼，只要這樣，父母就能感受到子女的感謝與關心。

平常若能打好這樣的「基礎」，子女在提起與金錢相關話題時，才不會招來父母的誤解，也就不至於掀起父母生氣反抗的情緒。

如果有其他兄弟姊妹，還得注意另外一件事。那就是，要與父母提及金錢或財產的話題時，一定要是所有手足都在場的時候。要是有人單獨和父母談論這些事，被其他兄弟姊妹知道了，難免會讓人誤會「那傢伙是不是想對爸媽灌迷湯，好自己一個人獨占財產」。

就算自己沒有這個意思，私下和父母談論金錢財產還是很有可能導致手足感情摩擦生變，日後需要一起照護老後的父母時，對方可能就不願意配合，或是演變為在父母面前為繼承權利起爭執，種下禍根或留下不好的回憶。

金錢絕對不是不潔之物。然而，這確實是個非常敏感的話題。正因如此，只要與金錢相關，就務必要謹慎行事。

32

父母把你當成騙子，可能是失智的前兆

然而，有時也有這樣負面的例子。

「因為我在銀行工作的關係，看過很多親子之間的金錢糾紛，也知道很多長輩無法自己好好管理資產。所以為了避免自家發生一樣的事，老爸過世後，我就跟母親說：『把財產交給我管理吧？』當然，事前我已經和妹妹討論過了，妹妹也說：『哥哥是理財專家，就交給你了！』她大概也認為這麼做最好，還跟母親說：『交給哥哥處理比較好。』這麼一來，母親也覺得這麼做比較放心。就這樣，母親的存摺就一直放在我這裡，由我定期匯生活費給她。

沒想到某天，母親忽然打電話來說：『你不要擅自動用我的錢！現在立刻把存摺還我，馬上！』我當然沒有擅自動用母親的錢，也跟她說：『發生了什麼事？您是不是對我有什麼誤會？』但她根本聽不進去，一味堅持：『總之快把存摺還我，不然我要報警了！』」

這聽起來還真是傷腦筋。

「因為她太激動，我怕自己一個人去還存摺又會被說什麼，於是就聯絡了妹妹。和妹妹說明狀況後，要她幫忙拿存摺回去還給母親。後來才聽妹妹說，是附近鄰居慫恿母親，說什麼『最可怕的就是自己人，妳兒子一定是滿口花言巧語，說要替妳好好理財，其實是想騙走妳的錢，千萬別上當了！』

母親寧可相信別人也不願相信自己的兒子，與其說是生氣，我更感到相當失望。後來再也沒有回去看她，只希望她不要真的被別人騙了才好……」

說來一點也不稀奇，即使子女只是因為擔心父母才主動提出幫忙管理財產，然而這種糾紛還是經常發生。站在子女的立場，會感到憤怒失望都是正常的，只是我也希望各位知道，當父母像這樣忽然轉變態度時，原因很可能與失智症有關。

事實上，初期失智症常見的症狀之一，就是「被偷妄想」。有這種症狀的人往往會吵著「錢包被偷了」、「放在這裡的錢不見了」等等，懷疑家人偷了自己的錢，而令家人非常困擾。

實際上，在前面提到的例子中，我就建議那位兒子「令堂可能罹患了失智症，去醫院檢查一下比較好」，後來果然診斷出是初期失智症。幸運的是，那位老母親在被別人欺騙之前，再次將財產交給兒子管理，才不至於釀成大禍。

不過，在同樣情況下遇上匯款詐騙，被騙走大筆金錢的事件仍然層出不窮。

因此，被父母誣指為小偷時，請不要一氣之下就疏遠父母。否則，很可能令他們陷入危險之中。

大家都知道銀髮族罹患失智症的比例激增，但是多數人又懷著毫無根據的自信，認為「我家應該沒問題」、「爸媽不可能失智」。這種毫無根據的自信，經常讓自己遇上麻煩。

只要覺得父母有一點異狀，除了及早安排失智症檢查外，也可考慮利用委託公正第三方擔任資產管理人的「成年監護制度」。

33

關於遺產：父母沒給，你不能硬要

過去，除非是財產豐厚的資產家，很少人繼承父母遺產需要繳納遺產稅。但是，日本在平成二十七年修改遺產稅法，目前四人中就有一人需要繳納稅金。

這麼一來，很多人不想繳稅，開始要求父母改成生前贈與。這麼做有時確實是節稅的好方法，但也有很多父母不願配合。

我一位醫界學弟就曾想說服父母生前贈與，過了不久，他一臉沮喪地來問我：

「剛開始還滿順利，當然除了父母外，我也和兄弟姊妹都談過，想請父母將手頭的有價證券以生前贈與的方式先過戶給我。沒想到，有天父親忽然說：『還是不要生前贈與了。』

『我又不是想要財產，只是不想繳稅而已，』儘管這麼說，父親還是不肯點頭。『到底為什麼？』我這麼問，父親才說：『朋友告訴我，一旦辦了生前贈與，孩子就會瞬間變得冷淡不孝，要我小心一點。我怕你們也會那樣。』你說，這下我該如何是好？」

其實，這位父親的反應也是失智症的初期症狀，沒想到同為醫生的學弟竟然沒有察覺，這讓我有點驚訝。

在這裡我想再次說明，儘管程度有所差異，但是每個人都會老。人體老化時，大腦也不例外，一進入六十幾、七十幾歲，大腦機能肯定會衰退。大腦的老化特別容易從司掌理性與情感的前額葉皮質開始發生，使人掌控情感與做出綜合判斷的能力變差，大大影響與周遭其他人的關係。

掌控情感的能力衰退，代表這個人天生的個性會隨著年齡增長變得更明顯。比方說，天生頑固的或多疑的人，在大腦還健康的時候，某種程度可以控制自己的頑固或多疑，但當大腦機能一衰退，天生的性格就控制不住，變得冥頑不靈，一心認定「子女就是想騙我的錢」，不管怎麼說都聽不進去。

最遺憾的是，或許因為媒體經常報導子女騙取父母金錢、兄弟姊妹其中一人獨占父母財產、子女擅自竄改父母不動產持有人名義等等事件，導致長輩陷入「會被小孩騙」的被害妄想之中。

以我學弟父親的狀況來說，除了大腦的衰退外，還得加上高齡者特有的心理因素。仍在工作崗位上勞動賺取收入的人或許很難理解，只靠領國民年金生活的高齡者由於沒有收入，會想盡辦法保護手中資產。學弟父親也在朋友的建議下加深了這種心態，才會無法下定決心辦理生前贈與。

如果已經是這種狀況了，就不該強迫父母辦理生前贈與，如此要求他們只會加重被害妄想，造成反效果。

這種時候，建議可請父母先寫好遺囑。這是最能表達「自己沒有要在父母生前偷走財產」的方式。

最重要的是尊重父母的心情。那些錢既然是父母的，無論要如何處理，也都要父母心甘情願才行。

34 缺乏經濟安全感的焦慮

「老爸一走後，老媽就開始嚷嚷『沒錢』、『這樣下去我要死在路邊了』。可是，她的存款明明比我多，還能領一份滿豐厚的國民年金，正是因為我非常清楚情況，每次只要一聽到她喊沒錢，我就會很不耐煩。即使如此，我還是耐著性子對她說：『沒那回事啦，不要緊，媽媽妳比我還有錢耶！』可是，每次我這麼一說，她就會哭鬧：『你根本不懂我的處境！』我真的快被她煩死了。」

照理說，這位母親應該已經有充分的晚年資金，卻還是屢屢抱怨自己「沒錢」，面對這樣的長輩，確實教人很不耐煩。或許有些人會忍不住大罵「少騙人了！」而能沉得住氣的人也真的很了不起。不過，我仍希望子女再冷靜一點，好好體諒長輩內心不安的情緒。

前面我已提過很多次，無法靠自己賺錢的銀髮族，對金錢往往懷抱強烈的不安。畢竟他們過的是花老本的生活，不像還在工作賺錢的人，對未來可抱持「就算現在辛苦一點，應該還是能過得下去」的信心。

不只如此，人上了年紀，生病受傷的風險也會提高，有時甚至需要別人看護。這些都會造成經濟上的負擔，在高齡者的想像中，「日子只會過得愈來愈苦」。最糟糕的是電視或雜誌等媒體不斷報導「手頭沒有個幾千萬就會變成下流老人」，更是挑動銀髮族內心的不安。這麼一來，就算告訴他們「沒問題」、「你的錢已經夠用了」，也無法消除他們內心的擔憂。

然而，做晚輩的卻一味認定「老人就是愛抱怨」或「明明有錢，幹嘛這麼擔心」，從否定的角度解釋長輩說的話或行為，或許太過份了一點。

當父母提及內心對經濟狀況的不安時，無須用大道理說服他們，也不要只丟一句「沒問題的啦」打發他們，只要耐心傾聽他們的不安就好。

如果能再加上一句「我懂，會擔心也是難免的事，不過，就算有什麼萬一也還有我在，沒問題的！」如此一來，父母一定會更安心吧。

或許有人會說「父母變得比小孩還麻煩」。不過，事實正是如此。人活得愈老愈幼稚。所以，只要想成「多了一個（兩個）小孩」，用面對小孩的耐心對待父母，許多事情都會進行得更順利。

35 正因為不是有錢人，所以才需要遺囑

「我們家沒多少財產，才不需要寫遺囑。」

「孩子們感情很好，不會為了繼承起爭執，所以沒必要寫遺囑。」

問年長者「有沒有寫遺囑」時，多半得到這樣的回答。其中也有人說「講那些事太不吉利，沒打算寫」，其實不留遺囑或許有點危險。

為什麼這麼說呢？愈是財產不多的家庭，家人愈有互爭遺產的傾向。為了幾百萬日幣存款，兄弟姊妹爭執不下的情形毫不稀奇，當父母留下的遺產是無法分割的土地或房屋時，狀況更是嚴重。之所以產生這類遺產爭奪，與泡沫經濟崩壞

前後，日本經濟產生一百八十度轉變有很大的關係。

過去，日本奉行年功序列制與終身僱用制，泡沫經濟崩壞前土地價格也維持穩定上漲，現在銀髮族就算當年只是普通上班族，也還是比現在青壯年一輩更容易買下屬於自己的土地與獨棟房屋，退休金和企業年金的金額也頗為可觀。

然而，到了現在仍在職場奮鬥的青壯年這一代，不但收入難以成長，退休後也不用指望能領到太多退休金或國民年金。不只如此，現在遇上中年裁員是很普遍的事，這種時候子女難免會把希望放在父母的財產上。就算有兄弟姊妹，大家的狀況幾乎都差不多，誰都希望自己可以盡量多繼承一點，導致最後發展成遺產爭奪戰。

即使沒有遺囑，如果只有現金和有價證券，依照法定繼承順位，還是能順利分配繼承，沒有太大問題。問題是土地和房屋這類無法分割的財產，總不能「把房子分成四份，每人各繼承一份」。

因此，最常見的方法就是「賣掉土地或房屋，再將金錢分配繼承」，但是，有時是父親去世，母親仍在世的狀況，有時是過去房屋一直由長男居住，要賣掉也不是一件容易的事。雖然有強制賣掉的案例，但那就真的會演變為手足相殘了。

因此，愈是財產不多的家庭，父母愈需要留下遺囑。就算有遺囑，其他子女還是可以主張房屋是「遺產的一部分」，堅持自己有「繼承的權利」，但至少可降低居住其中的子女被趕出去的可能性，也可減少手足之間為了繼承權起爭執的機會。

「也要為被你留下來的媽媽著想」、「你也不想看到自己往生後，孩子們為了爭產鬧翻吧」，不妨像這樣對父親說明遺囑的必要性。

36 多與父母手足聯絡感情，降低未來爭產的問題

就算有遺囑，在分配遺產時還是有可能起爭執。最近家屬提出「遺囑內容不正當」的案例急速增多。

這類訴訟一旦發生，在判決出來之前遺產是無法動用的。所以，最大的問題是，往生者的銀行帳戶會被凍結，變成「無法提領」的狀態。換句話說，一旦家人開始爭產，又得為了誰出喪事費用而起爭執，有時連未亡人都陷入沒錢支付日常生活的窘境。

若過世的父母是公司經營者，問題就更嚴重了。往生者名義的銀行帳戶被凍

結，代表無法如期支付員工薪水，也無法付款給廠商，最糟糕的狀況是整間公司都無法繼續經營。

為了不讓這種事發生，建議平時就該積極減少日後爭奪遺產的可能性。為此，首先我們必須理解，為什麼即使遺產金額不多，仍然會引起糾紛。當然也有爭奪高額遺產的例子。

原因出在社會大環境的改變與家人關係的淡薄。前者的問題個人難以扭轉，後者就能靠平日的用心來避免日後的窘境了。

就算小時候感情好，兄弟姊妹出社會或結婚後，各自展開新生活，忙於經營自己的人生，一定會減少見面聊天的機會。尤其四十多歲到五十多歲這段時間，工作繁忙，自己又有子女需要照顧，回老家的機會相對又減少許多，和兄弟姊妹「十幾年沒碰面」也不是什麼罕見的情形。

心理學上有一種「重複曝光效應」，指的是見面次數愈多，愈能加強對對方的好感。喜歡上通勤時每天看見的人就是這種心理作用。問題是，這種心理也會產生反作用。也就是說，即使是小時候感情好的兄弟姊妹，一旦減少見面機會，對彼此的好感將漸漸降低。和這樣的對象談到與金錢相關的事時，無論如何都會以自己的利益為優先，也無法完全信任對方說的話。

因此，若想避免繼承父母遺產時與兄弟姊妹產生糾紛，就算一年只有一次也好，建議固定舉行「兄弟姊妹全體到齊日」。「為了避免爭產糾紛」這種理由當然不用明說，子女探望父母也是天經地義的事，只要和兄弟姊妹說「我們一起來制定這個有意義的日子」，相信大家都會贊同。

無論是中元節也好，過年也好，父親或母親生日當天也可以。只要兄弟姊妹定期碰面聚會，不只彼此感情不會冷卻，還能與父母維持好感情，降低日後需要協議分配遺產的可能性。

兄弟姊妹平時住在距離遙遠的地方，定期聚會也是得知彼此近況的好機會，請務必向手足提議看看。

37 不能強迫，也不應該逼迫父母寫遺囑

前面雖然建議各位「請父母先寫下遺囑」，但該怎麼寫才好呢？如果自己也不清楚要寫什麼，事情恐怕不會進行地相當順利。因此，以下先簡單介紹遺囑的寫法。

遺囑分為「自書遺囑」、「公證遺囑」與「密封遺囑」三種*。後面兩種需要委託公證人，所需費用較高。第一種「自書遺囑」只要當事人親筆寫下就好，幾

＊ 編註：目前台灣民法認可的遺囑有五種：自書遺囑、公證遺囑、密封遺囑、代筆遺囑和口授遺囑。

乎不用花錢。

不過，若遺囑內容如果未按照法律規定寫成，則會視同無效。很多人特地親筆寫下遺囑，卻都因為沒按照規定填寫而失去效用，實在很可惜。自書遺囑的內容多半是「財產清單」，過去規定內容必須全部親筆寫成，只要有任何「缺漏」，都無法被視為正式遺囑，這種例子很常見。

不過，自從放寬自書遺囑方式後，只限財產清單部份可用電腦製表列印，也承認影本和不動產登記事項證明書等附件，比過去省事不少。在日本一般文具店都售有「套裝遺囑」，也可買一份交給父母，拜託他們「有空時寫一下」。

如果兄弟姊妹的關係不好，擔心繼承遺產時可能會起糾紛，建議最好選擇「公證遺囑」。雖然得花一點費用，但由公證人調查財產的登記簿謄本內容等，寫成具有法律效力的文書，一定不會有問題。不只如此，寫好的正本會放在公證所保管，不用擔心被任意竄改或遺失，還可省下「自書遺囑」需要的家事法庭檢查認定手續，可以快速分配遺產。

附帶一提，另外一種「密封遺囑」是確保遺囑內容除了當事人外無人得知的類型，日本並不常見，在這裡先略過不提。

那麼，確認過遺囑種類後，還有一件事要先請大家記住，那就是「願意留下遺囑是父母的好意，必須由他們自行判斷要不要寫」。

前面的章節我曾提到可以對父親說「要為被你留下來的媽媽著想」，或「你也不想看到自己往生後孩子們為了爭產鬧翻吧」，用意是在傳達遺囑的必要性，但充其量只是「建議」，不是「強制」，而實際上也不該強制。

雖然我想應該不會有人刻意這麼做，何況民法中有規定「強制他人書寫遺囑者將失去繼承權」。在強迫父母寫下對自己有利的遺囑內容的那一刻，就已經失去繼承遺產的資格。

因此，最重要的是，讓父母理解沒有遺囑未來可能會產生各種糾紛，使他們願意主動寫下遺囑。

38

與父母維持恰當的距離，可防止詐騙上當

「情婦懷孕了，這件事不能讓老婆知道，老媽您可以借我一些錢處理嗎？」

一位七十幾歲的女士，接到自稱是她兒子的人打來這樣的電話。女士不疑有他，按照對方說的匯款十多次，總共匯出了一千兩百萬日圓。

不用我說，大家應該也已經知道了吧，這是「匯款詐騙」的典型手法。我有一位長年住在英國的朋友，有一次他回日本，聽我提起這件事，驚訝地說：「這在英國是難以想像的事。」

我問他哪裡難以想像，他露出傻眼的表情說：「因為就算是自己的兒子，既

然都已經結婚了，那就是不折不扣的成年人了吧。父母幫已成年的小孩收拾殘局，不只英國，看在其他歐美人眼中一定也是不可置信的事。」

全世界父母為孩子著想的心情是共通的，只是那份心情的「本質」有很大的不同。尤其是歐美國家，親子之間關係與日本不同，或許可以用冷靜來形容。這是因為在歐美，孩子成年之後就完全獨立，「父母是父母，子女是子女」的想法根深蒂固。

我無法斷言那樣是否比較好，只能肯定地說，一如我朋友的意見，「就算是自己的小孩，父母也沒必要幫忙擦屁股」。日本人應該要學習的是這個觀念。

話雖如此，回到現實層面，要日本父母對孩子見死不救太難了。既然如此，子女平日就要多表達「自己不需要父母幫忙善後」的想法。只要能讓父母理解這一點，前面提到那種「匯款詐騙」也會減少許多。

匯款詐騙在日本遍地開花的原因還有一點。說來諷刺，正好和剛才說的相反，是因為平時親子關係太疏遠的緣故。

接到好久沒聯絡的兒子打電話來求助，光是這樣就讓父母感覺重拾與孩子之間的牽絆，內心不禁高興了起來。在興奮激動的情緒中，就算「聲音聽起來有點不像」或「我的孩子不像會拜託這種事的人」，當下也會失去冷靜的判斷力，輕易上當受騙。

換句話說，子女既不能太依賴父母，彼此的關係也不能太疏遠。但是現代人多半不是太依賴就是太疏遠，請重新檢視自己與父母的距離及關係吧！

39 為了保護父母不受詐騙，子女需掌握現況

「母親一個人住在比較遠的地方，平常我就不厭其煩叮嚀她『要小心詐騙，不要隨便匯款給別人，只要接到跟錢有關的電話，百分之百是詐騙』，所以我認為她一定沒問題，不可能被騙的。沒想到，前幾天久違地回了一趟老家，隨手打開壁櫥一看，裡面是整箱整箱看似健康食品的東西，一箱有好幾套。看了碰巧放在一旁的商品明細，竟然一套要價數萬日幣。看來是遇到惡意推銷買下的，早知如此，我就該多提醒她一些。」

以高齡者為目標的詐騙從未減少，光是已報案的案件，受害金額一年就高達

數百億日圓。由於受害者幾乎是銀髮族，父母沒有住在身邊的子女們肯定擔心不已。

但是，以銀髮族為目標的詐騙，可不只有誘騙匯款等特殊手法，例如剛才提到的案例，哄騙老年人買下根本不需要的東西，或並非是高檔價值的昂貴商品，這類惡意推銷也經常把銀髮族當成肥羊宰。

另外還有一種「催眠推銷術」。這是一種在信箱中投入寫有「贈送所有到場參加者一盒雞蛋！」的傳單，誘使高齡者前往指定會場。起初主持人只會說些笑話或閒聊，等氣氛一熱烈起來，就會說些「這個東西吃了不會得失智症喔，○○博士掛保證」或「蓋這個棉被能治好腰痛，至今已經有○萬人見證它的效用了」之類的話，開始推銷各種商品。接著又說「只有現在才有如此優惠的價格」、「只有現場的人才買得到」或「大好良機錯過可惜」等煽動購買慾的話語，說服長輩們簽約下訂單，這就是他們慣用的手法。

趁著會場氣氛炒熱時鼓吹購買，讓人誤以為「只有現在才買得到」，這種手法類似將人催眠，所以又稱「催眠推銷術」。上述案例中的女兒說，她母親就是在這種催眠推銷下購買了那些健康食品。如果父母住在離自己比較遠的地方，除了要他們小心「假冒兒女打來的電話」外，也要提醒他們所有標榜「免費」或「來就送」的宣傳手法。

此外，還有不肖人士會假借「可免費檢查家中是否遭到白蟻侵害的名義上門」，他們鑽進房屋下方檢查後，再危言聳聽「不好了，如果放著不管，這棟房子會倒」，讓年長者陷入恐懼，進而要求高額驅蟲費用的「檢查推銷詐騙」；或是宣稱「碰巧路過府上，看到屋頂好像壞掉了，繼續這樣下去會漏水，到時得花大錢修理，還是趁早維修比較好」，強迫推銷屋頂維修並收取高額費用的「維修詐騙」；以及號稱「絕對會賺錢」，慫恿長輩投資的「利息詐騙」；明明沒訂東西卻送貨上門要求付款的「貨到付款詐騙」等。詐騙集團想盡了方法，就是要接近銀髮族，騙取他們的金錢。

不只如此，這類詐騙業者深諳「這個方法不行就換個方法」之道，像打不完的蟑螂般不斷更新詐騙手法。因此，想保護父母不受詐騙集團毒手，子女平時就要多方收集資訊，吸取最新情報，並簡單扼要地向父母說明，讓他們能提高警覺，不要輕易受騙上當。

40

為避免詐騙，先和父母約定好絕不在電話裡談錢的事

「要是我的話，才不會被假裝成孩子打來要錢的電話騙到呢，那種事想也知道不可能，會被騙的人才奇怪。」

一位開課講解如何減少電話匯款詐騙及惡意推銷的講師告訴我，幾乎所有參加講座的高齡者都會笑著這麼說。

然而，當高齡者這麼認為時，其實已經一腳踏入危險陷阱了。實際上在電話匯款詐騙中上當的人，有八成就是回答「自己才不會被騙」。此外，還有超過一成的人回答「從沒想過自己會遇上詐騙」。換句話說，超過九成的人都太掉以輕

心了。

事實上，愈大意的人愈容易上當。人這種生物只要一大意，連平常認為「想也知道不可能」的事，都會因為失去正確判斷力而受騙。就這層意義來說，沒有任何前兆，忽然打來的電話最是危險。

其中也有明知可能是詐騙電話，卻懷著「我一定不會上當，不如聽聽對方怎麼說」的心情，半開玩笑繼續聽下去的人。這麼一來，即使起初堅信「絕對不是兒子的聲音」，聽著聽著也可能失去原先的判斷，這是非常危險的事。

就算聽我這麼說，幾乎所有人都會回答「我才不可能搞錯自己孩子的聲音」。但是，其實我們人類的大腦很難靠聲音辨識特定對象，不只如此，大腦還會朝自己想要的方向解釋。因此，就算聲音有點不像，也會私自解釋成「可能是感冒了」或「一定是太慌亂了」。

此外，罹患初期失智症的人，上當的風險也會提高。雖然每個人的大腦都會慢慢老化，一般來說，判斷力與整合能力會是緩慢漸進地衰退。然而，一旦罹患失智症，有些時候會導致判斷力急速衰退。換句話說，當初期失智症患者遇上詐騙，即使內容不甚合理，他們可能難以立刻察覺。

因此，子女平常就要叮嚀高齡父母「一接到可疑電話就要馬上掛掉」。如果家中頻繁接到可疑電話，不妨開啟電話答錄機，或在電話上加裝「警告訊息」機能。這是在通話前播放「本電話為防止電話詐騙，已將所有對話內容錄音」訊息的機能。順帶一提，加裝這項機能的家庭中，有四分之三從此減少接到可疑電話的次數。幫父母家的電話加裝這種機能，也算是子女的一份孝心。

此外，還可以事先和父母約定「電話裡絕對不談與金錢相關的事」。這麼一來，父母一接到談及金錢的電話，就能馬上判斷其中有詭，而不會輕易受騙了。

41

定期關心父母，可以減少詐騙危機

「母親不知道什麼時候遇上了詐騙。以前辦第四台時，登記的是我的手機號碼，一直到第四台業者打來通知我『銀行帳戶餘額不足，無法扣款繳費』時，我才發現她遇上詐騙。明明記得母親銀行帳戶中還有足夠的錢，追問之下，母親才坦承『被壞人詐騙了，你爸爸留下的保險金全都被領走』。幸好其他存款放在別的帳戶，算是不幸中的大幸，即使如此，還是被騙走了幾百萬日圓。」

這個案例的重點，在於「等到第四台業者連絡子女，帳戶無法扣款時，才得知母親遭到詐騙」。換句話說，重點是「母親隱瞞了自己遇上詐騙的事實」。這個案例絕對不是特例，很多做父母的即使遇上詐騙，出於「不想讓孩子擔心」或「被騙是自己不好」等原因，往往選擇不告訴子女。此外，愈是對自己的判斷力失去自信的人，愈不想讓子女知道這件事。因此，很多人即使受騙也默不吭聲。

前面我曾提過，透過電話要求匯款的詐騙受害總額，一年就超過好幾百億日幣。不過，這還只是有報案的金額，實際上的被害總額可能多上好幾倍。對沒有與父母同住的子女而言，確實很令人擔心。

這種時候，子女必須定期確認父母生活狀況，才能即時察覺異狀。比方說，父母家中多出奇怪的紙箱等物品，或是出現不動產及金融相關的簡章傳單等。此外，父母忽然變更保管存摺的位置，或常以「我出去一下」、「我去找個朋友」等原因外出時，遇上詐騙的可能性都很高。這種時候，請與父母好好談一談。

42 趁父母還健朗時，可多了解「成年監護制度」

如果未來父母罹患失智症，失去正常判斷力時，該如何守護父母的財產，這將成為重大的社會問題。

即使罹患失智症，在初期階段，維持以往的日常生活仍然沒有問題，但令人擔憂的是財務管理方面的事。不只可能遇上詐騙或惡意推銷就受騙上當，甚至自己去購物時，都可能買了完全不需要的東西。說得極端一點，必須一直有人在旁守著才行。

一旦感受到這種憂慮，不妨考慮使用「成年監護制度」。所謂成年監護制度，指的是為判斷力不足的成年人設定一位管理財產、監護生活的成年者監護人，在尊重當事人的前提下進行監護的制度。

如大家所知，有很多惡劣的業者想騙取高齡者的金錢。但是只要使用「成年監護制度」，就算父母簽了費用不合理的房屋改裝合約，或是買下昂貴商品，該監護人都可代為取消，避免蒙受實質上的損失。

順帶一提，成年監護制度大致上可分為「意定監護」和「法定監護」。意定監護是為將來自己失去充分判斷力時做準備，由當事人預先簽訂契約，賦予代理監護人（意定監護人）代為管理財產或照顧生活的權利。

為了讓父母在還有充分判斷力時選擇自己想要的監護人，一有機會就和父母討論這套制度吧。父母或許無法想像罹患失智症的情形，即使如此，「自己選擇監護人」仍是一個很有吸引力的做法，他們願意考慮的機率也比較大。

任意監護人則是在當事人判斷能力衰退後，由家事法庭任意指定監護人，由監護人監護、支援當事人的生活及買賣合約等。

使用意定監護度時，原則上需要與公證公所簽訂任意監護契約。如果不想事到臨頭才急著去公所簽約，最好早點前往公證公所洽詢並接受說明。

雖然今後使用這些制度的人將愈來愈多，制度本身仍有需要改善的問題，請仔細考慮後再做決定。

第四章

用心化解父母的大小煩惱

43

面對不愛將煩惱說出口的父母，要多給予一些耐心

「家母先走一步後，家父開始一個人獨居。他是想法比較古板的人，幾乎從未做過洗衣煮飯之類的家事，我原本想叫他來我家住。但是他卻堅持『不想離開住慣的家，再說家裡還有許多與你媽的回憶』，他都這麼說了，我只好放棄。我家住得遠，現在一個月只能去探望他一次。每次去看他，都比上次見到時更沒精神，即使如此，家父還是只會說『我一個人沒問題』、『一點也不寂寞』。這樣下去真的好嗎？還是我應該說服他搬來我家？」

有位朋友來找我諮詢這件事，我的回答是：「如果要說服他搬去府上，必須

先搞清楚令尊內心真正的想法。要是方向錯誤，再怎麼說服也無法取得共識喔。」

在這個案例中，令人不放心的是這位父親「想法比較古板」。這種類型的人，多半堅信「男人不該把抱怨或擔憂掛在嘴上，也不能給別人添麻煩」。雖然沒有親自見過當事人，我也不知道這麼說正不正確，說不定那位父親其實有什麼煩惱，只是情緒無法說出口。發洩不了的情緒累積成壓力，才會讓他漸漸失去活力。

一個人能背負的情感「量」是有限度的，超過自己能負擔的限度，心情就會失控，化為怒氣爆發或陷入憂鬱。最近經常看到高齡者失控發狂的新聞，我猜背後的原因，或許與高齡者必須獨自背負煩惱或憂慮的狀況有關。

因此，在說服父親和自己同住前，必須先減輕他內心的負擔，否則不管說什麼，那位父親恐怕都聽不進去。要減輕一個人內心的負擔，最重要的就是由另一個人來幫忙分攤。

分攤負擔聽起來似乎很難，其實只要傾聽對方訴說煩惱或擔憂就行了。不需要提供解決方案或給予建議，以這個例子來說，光是孩子能耐心傾聽父親想說什麼，就能大幅減輕父親內心的負擔。

向另一個人吐露自己的煩惱或憂慮，藉以減輕內心的負擔，這在心理學上稱為「淨化作用」，有精神分析之父稱號的西格蒙特・佛洛伊德博士在治療時也會使用，直到今天仍是心理諮商時效果很好的方法之一。

44 好好傾聽父母的煩惱或擔憂，不一定要給意見

前面提到，將煩惱或擔憂告訴別人能減輕自己內心的負擔。讀到這裡，或許有人會想「那就去問出爸媽的煩惱，好讓他們恢復活力」。

或許會有人像這樣說：「有什麼煩惱就告訴我嘛，不要一個人扛著，可以告訴我啊，不然你會被煩惱壓垮喔。」跑去追問他們為何煩惱。事實上，這樣做只會得到反效果。

第一章曾稍微提到，我們自己小時候聽到父母說「快去念書！」或「快把飯吃完！」時，也不知道為什麼，反而更不想念書或吃飯了。這種被人說了什麼之

後反而想反抗的心情，在心理學上稱為「心理抗拒」。

人愈高齡，自我就愈強烈，這種抗拒心理也有增強的傾向。因此，愈是強迫父母「說出來」、「告訴我」，他們愈是閉口不談的可能性很高。

這種時候，請從「最近過得如何？」之類不著邊際的問話開始。這麼一來，父母也比較願意對話。

不過，應該沒有父母會一開口就提自己的煩惱。一般來說，大概只會說些「最近天氣好像比往年冷吧」之類，和煩惱或擔憂不相干的話。就算這樣，子女也不要馬上說「不是問你這個，是問爸爸您最近過得如何」，強迫對方改變話題的方向，如此只會讓父母再次封閉內心。這種時候請耐心等待。

就算是親子，若是偶爾才見一面，一開始也會緊張得不知道要說什麼。這時，不管父母從哪個話題開始，只要說些「這樣啊」、「是喔～」等搭腔的語句，或是「嗯嗯」點頭就好。

這樣的反應能給父母「我有好好在聽你說話喔」、「我贊同你的意見」的印象，接下來父母應該會再增加發言的內容。

不過，光是點頭和搭腔也不行。只會滿嘴「這樣啊、這樣啊」的人，反而會讓對方感覺不愉快。請記得，點頭和搭腔「過與不及」都不好。

只要父母願意打開話匣子，慢慢就會迸出需要留意的單字，特別像是「這麼說來」或「其實……」。聽到這類單字出現時，只要複誦一次「這麼說來……？」或「其實……？」即可。

不需要追問「這麼說來怎麼樣？」或「其實什麼？」如此追問也會造成反效果，都不用多說其他語句，只要用相同語調複誦一次就好。

光看字面，或許會有人質疑「這樣到底會有什麼效果」，事實上，複誦對方說的話，會比無意義的搭腔或點頭帶給對方更好的印象，也會更樂意吐露心聲。

最後還有一點。當父母說出內心煩惱或擔憂時，千萬不要建議他們「這麼做不就好了嗎」或「不然可以那樣做啊」。被自己的孩子這麼說，也是造成「心理抗拒」的原因，這種時候，只要模稜兩可地回應「這樣啊」或「這可真為難」就好。

就算父母面露不滿，也不要擅自給予建議。不過你可以拋出「那老爸您怎麼想？」或「老媽您想怎麼辦？」等問句，試著問問他們自己有什麼考量，並傾聽父母的意見。

即使遇到非說服父母不可的情況，只要用這種方法，某種程度也能問出父母內心的想法，之後說服起來應該容易不少。

45 忘不掉的事，不用勉強忘記

「聽了醫生您的建議後，我和父親相處了一陣子，發現他是因為忘不掉過世的母親，才會那麼難過。得知他不是為金錢或健康的事煩惱，雖然讓我稍微鬆了一口氣，但看他那麼低落地說著：『我會努力早點忘記悲傷……』，實在於心不忍，想知道我究竟能幫上什麼忙。」

聽了我在前一節的建議，這個孩子總算明白父親的心情。但是，父親似乎還沉浸在巨大的悲傷中。

這種時候，很多人容易犯的錯誤就是強硬說服對方：「快點忘記吧！」「要哭哭啼啼到什麼時候？這樣下去媽媽也不會復活啊！」

說這種話的人可能認為「既然是親子，這種程度的話對方應該能諒解」。然而，失去多年老伴的心情，就算是親子也未必能體會，更何況孩子用如此強硬的態度說話，恐怕只會造成父親的反感，最糟糕的狀況，甚至可能一氣之下斷絕親子關係。這種時候，反而應該說：「不用勉強自己忘記也沒關係，就跟過去一樣自然地生活，在天上的媽媽也會比較放心。」

或許有人會擔心說這種話造成反效果，事實上，人類的記憶很不可思議，愈想努力遺忘，回憶愈會頑強地烙印腦海中。

「和過去一樣自然地生活」是「森田療法」的其中一個項目，這常應用在治療憂鬱症及精神官能症上。

在自然的狀況下，人類的情感到達高潮後會漸漸下降，慢慢呈現收斂反應。

因此，只要按照過去生活的步調，在一樣的時間起床，一樣的時間散步，一樣的時間吃飯，持續往常的生活，這種「因為難以遺忘而難受」的情感就會逐漸沉澱下來。

最好的做法是即使電視上出現與亡妻有共同回憶的地點時也不要轉台，或是散步時會遇到她往日喜歡的店家時也不要繞道。不過，要是對父親做出如此詳細的指示，恐怕又會引發他的抗拒心理，暫時只要先說「跟過去一樣自然地生活」就好。

46

拓寬銀髮族的交友圈，先從打招呼開始

「我家老爸五年前從職場退休，還在上班時經常去打高爾夫球，最近聽母親說了才知道，退休後老爸就沒再去打球了。問他：『怎麼啦？身體不舒服嗎？』『怎麼不打高爾夫了？』他才一臉哀傷地說：『沒人邀我一起去打啊！』原來老爸以前只和同事或客戶往來，一旦退休，連一起去打高爾夫球的朋友也沒有。」

經常看到團塊世代的這一輩人「把人生奉獻給工作」，這種人退休前的朋友幾乎都是工作上認識的人或公司同事。結果，退休之後因為不再有工作上的往來，所以連帶友情也中斷了。

我常從同學或同年齡的人口中聽到類似的事。所以，我認為只要不把工作上認識的人算進「朋友」就好。因為那些人不算朋友，退休後不約自己打球也是理所當然的事。不過，繼續這種沒朋友的狀態，很可能罹患「廢用症候群」，社會身分的孤立也可能導致生活無力與憂鬱症，還是鼓勵退休後的父母去結交新的朋友比較好。

比方說，可以建議父親「跟附近鄰居建立關係」。起初他一定很錯愕，不知道該怎麼做才好。其實這一點也不難，不妨告訴他「先試著改變跟鄰居打招呼的方式吧」。

過去打招呼可能只是說些「早安」之類的簡單寒暄，今後或許可以加上「今天忽然變好冷呢」、「您府上院子裡的花開得真漂亮」等閒談。光是這樣，就能製造與鄰居對話的開端。

另外，如果父親之前從事的是與財務、經營或法律相關的工作，或許可以建議他加入居民自治會，幫忙自治會的工作。最近很多人嫌麻煩，對自治會的工作敬謝不敏。然而，如果有相關經驗的長輩願意投入，不但可以一口氣提高他在附近居民之間的知名度，又會有機會多認識一些人。

認識的鄰居一多，總會有幾個往來比較密切，其中一定也會遇上興趣相同的人。以前面的例子來說，很快就能找到約父親一起去打高爾夫球的對象囉。

或許有些讀者會想，爸媽都這把年紀了，還需要我教他怎麼交朋友嗎？仔細想想，自己小時候也是父母教我們怎麼和朋友相處遊玩的，就當作是報答父母當年的教導之恩吧！

47 消除寂寞，就能治好購物依存症

「母親在七十多歲失去老伴，因為看她精神萎靡，所以我就把手邊的平板電腦給她，教她上網看些東西，心情應該會好一點。大概是這個建議奏效了，父親過世一年時回老家，家裡多了很多看上去很貴的家具和家電，令我大吃一驚。母親似乎學會了上網購物。

我急忙檢查母親的戶頭，發現從父親過世至今，戶頭裡已經少了好幾百萬日幣。我生氣地說：『怎麼可以這樣亂買東西！』母親一開始說：『知道了，以後不會了。』幾個月後再回去看，家裡又多了好幾樣東西。事到如今也無法再收回平板電腦，但是這樣下去，實在擔心她把父親留下的老本都花光。」

忘了在哪個報導裡看到，最近有不少銀髮族生了心病。而「心病」的症狀種類繁多，其中之一就是「購物依存症」。

或許有人會說，只不過是買太多東西就說生了心病，未免言過其實。但是當依存症達到對生活造成妨礙仍無法罷休的程度，就可以定義為「心病」。上述例子還算幸運，那位母親的購物依存症尚未對生活造成妨礙，只是孩子擔心她「繼續買下去會把老本花光」。不過，很顯然的，這位母親的狀況是已經得了心病。

追根究底，現在六十多到八十多歲世代的人，因為經歷過泡沫經濟時崇尚購物的年代，長久以來抱持「能花錢購物就是好事」的價值觀，原本就具有容易衝動購物的傾向。

無論是誰，買東西的當下都會感到愉悅。我還聽說有些女性光是看到中意的鞋子，心跳就會加快兩倍，經歷過泡沫經濟時代的人更是如此。

上述案例中的母親，或許是想用購物時的好心情來排解失去老伴的寂寞，這類案例其實很常見。像她這樣的例子還算幸運。

前面提到惡意推銷業者往往把高齡者當肥羊宰，其中有些年長者其實隱約察覺受騙，卻仍願意支付昂貴金錢購物。我曾問過有類似經驗的人原因，那位長輩的回答是「和推銷員聊天很開心，他們動不動就稱讚我，忍不住就買下自己不需要的東西了」。換句話說，年長者是因為寂寞而寧可被騙。對家有長輩的人來說，這種話聽了實在教人心痛。

既然購物的原因是「寂寞」，在這種情形下，無論如何勸戒父母「不能亂買東西」，對方恐怕也不會收手。雖然也有解除信用卡使用權限的對策，最重要的還是得排解年長者的寂寞。

因此，子女最好可以經常回老家探望父母，或是向兄弟姊妹及親戚說明狀況，拜託大家輪流上門陪伴。只要父母感到不那麼寂寞了，狀況自然會改善。

48

有技巧地詢問父母老後想怎麼過生活

「拜您之賜，家父家母身體還很硬朗。我偶爾回一趟老家，都會聽到他們說：『上次去了〇〇』、『△△很不錯，你也該去一次看看』，看他們自由自在遊山玩水，我都羨慕了起來。不過，正因還很健康有活力，才更需要趁現在談談未來失智或臥床不起後的事。可是，只要我一提『我想先趁爸媽腦筋還清楚時，跟你們討論一下未來身體不好之後的事……』他們就會生氣地說：『別把我當成老人對待！』或『我們還不到談那種事的年紀！』我只是想未雨綢繆，有什麼不對嗎？」

和以前不一樣，最近的銀髮族多半忌諱被稱為「年長者」，畢竟他們無論肉體或精神都還很健朗。若問他們「認為自己像幾歲」，無論男女，回答「比實際年齡年輕十歲左右」的人數都多得驚人。

是說，光是這樣就驚訝還太早。問卷調查中回答「比實際年齡年輕二十歲」的女性占了兩成，另外一個調查也顯示「認為自己的狀態比實際年齡年輕三成」的人占最多數。換句話說，實際年齡七十歲的人，心情上認為自己只不過才將近五十歲。既然把自己想得這麼年輕，聽到子女說要談談「臥床不起時的事」，父母當然會不高興。

話雖如此，實際年齡只會一年比一年增長，想趁父母還健朗時先問清楚的事確實很多。比方說，老後想過怎樣的生活，是想盡可能過老夫老妻互相陪伴的兩人生活？還是想跟子女住在一起？老伴走了之後想怎麼過日子？還有，如果到了需要照護的地步，希望接受何種程度的照護等等。

以下是我建議大家的做法。舉個例子，子女或許可以這麼說：「我上次看電視報導，五十年後世界會有超過一億人失智呢，不知道我的腦袋到時候還行不行」，或是「真擔心我們這一輩老了之後領不到國民年金啊」，就像這樣，先說出「自己對老後的擔憂」，藉此帶入與晚年相關的話題。

這麼一來，想必父母也比較不會抗拒，甚至會以自身狀況給予建議，例如「以我們這一輩來說……」等等。透過這種「由父母提供建議」的形式，或許就能問出父母期待的做法。

49

不要強迫父母與自己同住

以前子女中總會有其中一人繼承父母的家。但是現在，子女生活在與老家不同的外縣市，自然而然地，守住老家的只剩下年邁的父母。

即使住在不同地方，如果能經常往來探望倒還好。只是現代人的工作機會大多集中在都會區，如果正好離老家很遠，回家的次數自然減少，與父母也會漸漸疏遠。就算這樣，只要雙親健在，子女還可以安慰自己「他們兩人互相扶持，日子應該過得還不錯」，就怕父母其中一方過世，經常聽到子女擔心剩下的一方身體或精神忽然衰退，出於「好意」，決定接獨居的長輩到自己家中同住。

「家父過世後，只剩家母一個人住在老家。雖然我已經比以前更常回家探望，每次回去都感覺到家鄉人口外流的情形愈來愈嚴重，連附近的超市也不知何時結束營業了。繼續這樣下去不但住起來危險，生活又不方便，雖然家母不是很情願，我還是半強迫地把她接來一起住了。

心想這邊有孫子，生活起來便利許多，等她住久適應了，一定會感謝我做出這個決定。沒想到家母愈來愈沉默寡言，動不動就把自己關在房間裡，也不跟孫子互動。」

正如這個例子，高齡父母不想搬到子女家中同住的案例其實很多。別說不想，為此「感到困擾」的高齡者也不少。這是因為，人愈是上了年紀，對新事物的適應能力愈差。有過轉學或換工作經驗的人應該能理解，無論是在愈高年級時轉學，或是當了多年上班族才換工作，都要花上更多時間去適應新環境。同樣的，要高齡父母馬上適應新環境和新生活也不是一件容易的事。

除此之外，父母對子女的配偶通常有所顧慮。子女或許認為「一家人住在同個屋簷下比較不寂寞」、「這麼一來長輩就不會感到不安，日子一定也能過得比較輕鬆」，但這可能只是子女的一廂情願。長輩就算搬到子女家同住，感受到的孤獨或必須忍耐的事，往往不比自己一個人住時少。

因此，單方面說服長輩「應該和我一起住」、「不能自己一個人住在那種地方」是不行的。向長輩提議搬家或一起住時，如果長輩面露遲疑甚至拒絕，配合度比較高的子女應該改變自己的想法，看是增加自己返鄉探親的次數，或是比過去更頻繁電話聯絡等，轉換「戰略」才是好的做法。

自己還不到那個歲數或許無法明白，對高齡長輩來說，比起搬去和子女同住，維持現狀的生活有時還比較幸福。我們子女應該要能體諒才是。

50 若父母拒絕同住，就和他們談條件

前面提到，父母拒絕搬到子女家同住時，子女可以增加返鄉探親的次數，或是比過去更頻繁電話聯絡。不過，即使如此還是會擔心。這種時候，不妨試著跟父母談條件。

人在拒絕別人的勸說或命令時，即使那是自己不想做的事，內心還是會產生內疚情緒。子女可以利用這種情緒，趁機和父母談條件，例如「既然這樣的話，那想請您答應另外一件事」。這麼一來，就算是原本一口回絕的事，父母也有可能接受。

以父親獨居的例子來說，這種時候可以趁機提出這樣的交換條件。「那我幫您跟餐點宅配公司簽約，您要吃喔。」因為男性獨居時，容易出現偏食的情形。

雖然最近超市和便利商店也販售起各種家常便菜，若是身邊沒有把關的人（妻子），獨居男性可能只挑自己想吃的買，日子久了可能出現營養失調，有時甚至會對健康造成不良影響。就這點來說，市面上的宅配餐點除了可以達到營養均衡，還可以配合銀髮族喜好或既有疾病調整菜單，無須自己餐餐計算營養成份與卡路里，為長輩省了不少麻煩。站在子女的立場，可以放心交給業者處理。

不過，每天都吃宅配餐點也不好。從上超市買菜、回家烹飪到吃完之後的收拾清理，這一連串的過程都得花費腦力與體力，對預防失智有很好的效果。這時，或許可以這麼建議長輩：「每天吃宅配餐點也會膩，不如請業者一星期送個三天就好？」這麼一來，長輩得自己做點家事，又能順便打消「完全受到子女控制」的不愉快，或許能更容易接受這個建議。

如果獨居的長輩是母親，不妨建議她「一星期（一個月）請人來幫忙打掃一次，自己一個人做不來的事情，請人家幫忙就好」。

家裡沒有男丁，像是換電燈泡或打掃換氣扇等必須爬到高處與搬運重物等工作，光靠自己一個人做不到，要是勉強去做，又可能跌倒骨折或受重傷，若能請人幫忙打掃，子女也放心許多。

此外，知道定期會有外人造訪家中，也讓長輩萌生「服裝儀容和家中環境都得維持整潔」的心情，避免老家囤積太多雜物，變成雜亂的垃圾屋。

像這樣為父母規畫生活，讓他們在住習慣的老家住久一點，或許才是真正的孝順。

51

用笑容消除對死亡的煩惱

「前陣子家母過世，才剛做完尾七，老爸又接獲摯友過世的訃聞，整個人非常憔悴，看上去一口氣老了十歲，我很擔心他。」

聽說，如果將人生種種遭遇帶來的壓力數值化，「配偶之死」造成的壓力最大。假設失去配偶的壓力值是一百，喪失親近友人的數值則相當於三十七。換句話說，上面這個例子裡的父親，在短期內承受的壓力值高達一百三十七。

雖然沒有具體指標可說明壓力數值合計超過多少會讓人沮喪低落，可以確定的是，那位父親「憔悴得像是老了十歲」。

像他這樣連續失去重要對象的情形雖然不常見，隨著年齡增長，我們每個人接到親戚、朋友或認識的人訃聞的次數只會不斷增加。離開我們的，可能會是至今同甘共苦的另一半、從小到大知無不言的同學，或可以一起喝酒談笑的朋友，一想到此生再也見不到那個人了，內心難免湧現遺憾與悲傷。

同時，近年來有愈來愈多銀髮族因這種喪失經驗而引發「憂鬱症」。不只如此，除了一般憂鬱症會有的失眠、食慾不振外，高齡者還會出現「答非所問」、「整體動作變遲鈍」等類似失智症的症狀，令身邊的人難以察覺他們得了憂鬱症。然而，這種不察非常危險。因為銀髮族的憂鬱症，有時可能導致自殺行為。

不只近親或好友去世時需要特別注意，一般來說，高齡者對「死亡」這件事本來就很敏感，就算只是附近鄰居或偶爾光顧的商店老闆過世，都會令長輩心情低落好一陣子。

這種時候，或許可以找一些搞笑節目影片傳給父母看。正值心情低落的長輩可能會說：「我心情已經夠差了，沒心情看那種吵吵鬧鬧的影片！」這種時候千萬不可退讓，只要堅持「這個很有趣，我們一起看嘛！」長輩緊繃的表情一定會漸漸放鬆，最後哈哈大笑起來。

有句俗話說：「一笑一少，一怒一老。」意思是「笑一次就年輕一點，生氣一次就老一點」。換句話說，情緒會對身心健康造成不小的影響。事實上，科學已經證實人在笑的時候吸入大量氧氣，與養分一起送往大腦，能刺激大腦活性化，增加腦內分泌「幸福荷爾蒙」，同時排遣一部分低落的情緒。

父母接到親朋好友訃聞，心情沮喪低落時，與其用言語說服他們勇敢面對，不如看一些搞笑影片才是一帖良藥，而且還無須擔心副作用。「笑」的力量很大，請各位務必一試。

52

安置牌位於寺廟，可解決無人掃墓的煩惱

前幾天，我有個學弟跟我說了這件事。

「我過了五十歲還單身。話先說在前頭，不是沒有結婚的機會，只是一直覺得時機未到，結果就到這把年紀了。事到如今，雖然已經覺得一輩子單身也無所謂，沒想到前幾天回老家，老爸一看到我就惡狠狠地說：『快點結婚！快點生個小孩！』

我要他冷靜點，詢問到底是發生了什麼事，才知道老爸似乎擔心將來沒人幫他掃墓。我老爸當年結婚時就已經為自己買好了墓地，因為我是獨生子，等我死

了之後，確實就沒人幫他掃墓了。所以我笑著跟他說：『往生之後的事，往生之後再煩惱就好！』結果他更生氣了，狠狠罵了我一頓。」

這件事聽起來像玩笑話，但也道出了高齡者對「死亡」懷抱許多煩惱的事實。再說，這位父親的擔憂也很實際。

在日本，無人繼承或管理的墳墓稱為「無緣墓」，雖然沒有全國性的調查數據，根據熊本縣人吉市單獨進行的調查，市內部分墓地裡已有高達八成墳墓屬於無緣墓。

近年來，將親人葬在墓園的家庭很多，一旦後繼無人，就沒有人能再向墓園支付管理費了。這樣的墳墓，會在經過一定期間後撤除墓碑，將遺骨集中一處統一祭祀。有時墓碑還會銷毀粉碎，重新做為建材再利用。

有些長輩可能在哪裡聽聞這類消息，忽然害怕自己日後無人祭拜而著急起來了吧。這時不妨向他們說明，還有「永代供養」這個方法。

永代供養指的是將遺骨或牌位託付給寺院，由寺院長期供養祭拜的制度。雖然接受永代供養的遺骨也都集中在共同墓地聯合祭祀，至少每天都會有僧侶持續祭拜，不至於成為「無緣墓」。如此一來，父母就不用再擔心「自己（和歷代祖先）的墳墓無人祭祀」，應該會安心許多。

53

減輕老老照護的煩惱，可以說些慰問的話語

高齡雙親都健在時，一旦父母其中一方需要照護，主要照護工作必然會落到另一方身上。這就是所謂「老老照護」。妻子照顧丈夫或丈夫照顧妻子看似天經地義，卻也常忘記了照護者本身也是高齡者的事實。

有個朋友來找我諮詢，他的父親大約半年前腦梗塞病倒，母親成為照護者。因為是忽然倒下的，這位朋友一心只掛念著父親，前幾天回老家探望時，看到母親一臉疲憊，這才猛然驚覺「最辛苦的是母親」。

年輕時某種程度硬撐也無所謂，上了年紀後，只要稍微勉強就會腰痛，一旦

睡眠不足血壓就會高起來。此外，照護的忙碌會讓照護者疏忽自身的健康，忘記吃藥或忘記定期回醫院檢查，到最後反而是照護者自己身體出狀況，這樣的案例並不少見。

沒有照護經驗的子女，往往只會擔心父母中需要照護的那一方。然而實際上，照護者的狀況才更需要細心留意。就這點來說，上述案例的子女在母親累倒前及時察覺「辛苦的是母親」，還算是值得慶幸。

話雖如此，對照護者的關照又是另一個困難的問題。不過，至少可以先從說些慰勞的話開始。

比方說，「我也擔心必須照護爸爸的您，請不要太勉強自己喔」，或「您一定累壞了吧，把照護爸爸的工作全交給媽媽您，真的很抱歉」。只要這麼一句話，就能讓母親知道子女其實理解狀況，也能在心理上給予支持的力量。

或許有人會覺得像在騙小孩，但我認為送禮也是個好主意。「我寄了媽媽喜歡的羊羹過去喔，吃點甜的東西養精蓄銳吧」，或「我寄了一顆安眠枕給您，希望您睡個好覺，比較不會那麼累」。寄送禮物時，像這樣附上一句貼心慰問的話更好。不只是寄東西，打從內心添上一句話，送去的東西才能成為真正的禮物。

「媽媽（爸爸）您不是一個人單打獨鬥，我雖然住得遠，無法幫上什麼忙，但會一直關心（支援）您」，不管怎麼說，請一定要像這樣傳達心意。對照護者而言，這些讓他們感覺到「自己的辛苦有人理解」、「辛苦有所回報」的話語，將會成為內心的支柱。

即使住得遠，還是能幫父母安排日間照護等服務。即使只是短短喘口氣的時間，也能讓照護者從辛苦的日常獲得解放，重新整頓身心。

此外，子女回老家探望時，不要只關心受照護的一方，更要好好檢視照護者的狀態。愈是習慣奉獻自己照顧別人的人，愈容易忽略自己的需求。照護者本身若有疾病，就要留意他是否有定期回診，有沒有按時服藥，或是身體是否有哪裡不舒服。

最重要的是好好聆聽照護者說的話。照護這份工作容易累積壓力，光是有人聽自己說話就能釋放不少壓力了。不過，聽照護者抱怨時，千萬不能回以「這也是沒辦法的事」或「你不能講這種話」等否定言論。這樣只會增加照護者的壓力。

正確的聆聽態度，是要不厭其煩且不要中途插嘴。還有，也別忘了適時將「謝謝您」、「您辛苦了」等感謝與慰勞之詞掛在嘴上。

54

了解日間照護的真正功用，可降低長者的抗拒感

前面提到了日間照護服務，不過，除非身旁近親使用過這項服務，否則一般人幾乎不太清楚日間照護是做什麼的吧。

日間照護服務，是一種以當天來回方式前往社福機構，在那邊吃飯、洗澡、從事休閒活動或接受復健訓練的照護服務。基本上，只要超過六十五歲，符合日本政府規定的「需要支援等級1～2」，或是「需要照護等級1～5」之高齡者，皆可使用這項服務。

因為能減輕照護家屬的負擔，希望大家都能盡量使用這項服務。然而，建議

父母或另一半「要不要去日間照護中心看看」時，對方往往不太願意。

「我老爸也是，上次他腿骨折，一個人無法自理生活，我看老媽照顧他照顧得很累，實在是太辛苦了，就建議他使用日間照護服務，誰知道他們兩人都反對。我是有心理準備老爸會聽不進去，沒想到竟然連老媽都反對，這就叫我有點訝異了。」

說來或許令人意外，像這個例子中父母雙方都拒絕使用日間照護服務的情形其實巒常見的。要同時說服兩人改變主意很難，首先請試著勸說照護者吧。看上述的例子來說，也就是要先說服母親。

照護者反對被照護者使用日間照護服務的原因之一，是心中會產生罪惡感，好像有種不管被照護者，自己落得輕鬆的感覺。「讓老爸去日間照護中心，妳正好也能趁機曬棉被啊」、「不是可以利用那段時間洗衣服嗎？」像這樣提出具體建議，或許比較容易說服對方改變想法。

相較之下，被照護者不想使用日間照護服務的原因，多半是「提不起勁去那種只有老人聚集的地方」、「工作人員只會叫我們唱兒歌吧，蠢死了」等先入為主的觀念。

其實近年來不少日間照護中心不但有麻將可打，有電玩可玩，還提供電腦給需要的人使用，有些地方甚至附設了溫泉設施，也有提供女性長輩美髮美容的服務。女性無論幾歲都愛漂亮，其中最受歡迎的就是妝髮服務了。這些服務也已證實對改善失智症有一定的效果。

所以，「總之先去看看那是個什麼樣的地方嘛」、「聽說最近的日間照護中心都很厲害喔」，先這樣說服父母吧。知道日間照護中心的實際服務項目後，很多長輩會變得開始期待去日間照護中心的日子喔！

55

坦然告知長照機構的優缺點，消除父母的偏見

在老老照護的情況中，不時會出現因為筋疲力盡而選擇一起自殺之類的悲慘事件。這類事件多半不是老妻照顧老夫，而是常發生在老夫照顧老妻的案例上，推測原因應該是出在男人不習慣「照顧別人」吧。

雖然還不那麼嚴重，我有位朋友的父親，也快被照顧配偶的重擔壓垮了。

「家母幾年前開始出現失智的初期症狀，老家離我現在生活的地方很遠，我一直很擔心，但父親總說他會想辦法照顧。然而，母親病狀愈來愈嚴重，有時自己外出後連家在哪裡都不知道，時常麻煩警察幫忙找人。聽到她半夜會跑出家門

時，我心想這樣下去父親會照顧不來，就建議他把母親送到長照機構去住。父親說：『怎麼能讓你媽去住那種地方！』無論我怎麼說他也不答應。所以我問他：『您又知道長照機構是哪種地方了？』他默不吭聲，看來好像認定長照機構就是不堪入住的地方。」

人對自己無法正確理解的事物，很容易抱持批判的態度。尤其高齡長輩已失去彈性思考的能力，這種傾向更是明顯。特別是長照機構，在很多人的想像中那裡多半「不是什麼好地方」、「只是把老人丟在那裡等死的地方」。

想解開這種誤會，最重要的是讓長輩正確理解長照機構的好處和壞處。或許有人會說，連壞處都說明豈不是造成反效果？但是，一味強調好處反而讓人覺得可疑，無法順利說服對方。因此，必須將好處與壞處都攤開來說。正好趁著這個機會，我也簡單說明長照機構的好處與壞處吧。

首先是好處。長照機構最大的優點是二十四小時都有人看護，因此能受到專業的照護。此外，必須與其他入住者及工作人員建立新的人際關係，參加設施舉行的娛樂活動等等，這些全新的體驗都有助改善失智症。再者，原本同住家人的精神與體力可以獲得喘息與放鬆，而可以對被照護者付出比過去更多的愛。

反過來說，入住長照機構的缺點是環境的變化可能造成長輩的混亂，這是最需要注意的一點。另外，長照機構飲食與生活步調統一而單調，並且可能有和其他入住者合不來的情形，當然多少會有一些經濟負擔也是一個缺點，以上也必須加以考量。像這樣將好處與壞處放在天平的兩端衡量，思考該以什麼為優先吧。

附帶一提，我那位朋友利用休假回老家，向他父親詳細說明了住家附近的長照機構及服務內容後，他的父親因而明白過去完全是自己的誤會，最終也就同意讓他母親入住長照機構了。

56
當照護嚴重影響自己生活時，就是詢問父母入住長照機構的最佳時機

根據日本厚生勞動省調查，希望在自家接受照護的銀髮族，無論男女都超過三成。離開長年住慣的家，搬進長照設施接受不認識的人照顧，想來確實教人難以接受，或許也不是一件值得開心的事。何況子女從小接受父母的照顧，這時也想盡量完成父母的心願，讓他們可以繼續住在家中。

話雖如此，如果太過堅持在家照護，可能反而破壞自己原有的生活。事實上，已經有超過十萬人以照護或看護為由辭去工作，而使生活陷入困境。

為了照顧父母不惜做到這個地步，真的非常了不起。當然，剛開始的時候，

父母能住在家中接受子女的照護，一定也很滿意。然而，父母也不會希望看到心愛的孩子為了照護辭去工作、離婚或見不到自己的家人。不只如此，最近還常發生「照護得太疲累，選擇帶著老父母一起自殺」等悲慘事件。要是結果淪為如此，父母應該會後悔不已吧。

因此，當父母不接受照護就無法生活，或是照護工作已經嚴重影響到自己的工作及婚姻時，子女就應該主動詢問父母是否願意住進長照機構。

順帶一提，最近不少銀髮族夫妻子早就事先決定好住進機構的時機。一般來說，這個時機都是「必須接受照護的時候」。換句話說，很多長輩早有這個想法，子女也可配合這個時機提出建議。

許多人面臨這個問題時，都會煩惱「這麼做就像拋棄父母，實在無法說出口」。但是，若父母願意搬入長照機構，子女想必能鬆一口氣。站在父母的立場，或許也會認為「終於不用再給孩子添麻煩了」。

在現今精神與物質層面都相當拮据的時代，勉強自己繼續照護父母，很可能落得兩敗俱傷。因此，就算會很難受，也請記得還有入住長照機構的選擇，說不定就可以解決你的煩惱了。

第五章

照護年邁父母，
需要多一些體貼與包容

57 對父母的態度不要像對小孩一樣

同樣是「兩代同堂」，以都市為生活基地的子女接父母同住時，有人住的是公寓，也有人將原本與妻兒同住的獨棟平房改建為方便長輩生活的格局。另外也有從老家的高中畢業後，考上都會區的大學，之後就留在都市工作生活的人在屆齡退休後，把自己的小孩留在都市，夫妻倆實現「遲來的返鄉」，回到老家陪伴父母的人。這應該是為難以適應新環境的父母想出的變通方法吧。

不過，無論哪種狀況，最令子女煩惱的都是「與父母的溝通」。剛開始過兩代同堂生活時，彼此都還顧慮對方，心想「自己先忍耐一下」或「要尊重對方的心情」，說服自己「慢慢就會習慣了」。然而，日子一久，狀況也會改變。

站在子女的角度，總覺得高齡父母就是「弱者」，自己必須保護父母才行。結果許多人拿父母當小孩看待。看到母親老是忘東忘西，子女就反覆嘮叨叮嚀：「媽，您有聽懂了嗎？怕您沒聽懂，說一次給我聽聽看吧？」或是看到開始做什麼卻一直沒進展的父親又說：「這個您做不來了啦，讓我來，您別插手」搶走父親手邊正在做的事。這麼做雖然並非輕視父母，反而是出於擔心。但是，聽到這種話的父母只會大受打擊。

上了年紀之後，很多事都無法像過去那樣快速完成，做起來不順手的事也變多了。然而，這不代表年輕時學到的知識就此消失，過去累積的經驗也不會就此派不上用場。可是子女卻把自己當成年幼無知的孩童，父母的自尊心當然會受傷。

這種時候如果長輩生氣大喊「別把我當小孩」，可能只會換來子女「老人就是愛生氣」的批評;要是什麼都不說,自己生悶氣,又會被子女說「老頑固」或「怪裡怪氣」。

「銀髮族是社會上的弱者,子女要多為長輩考慮」雖然是正確的論點,乍看之下是好意,實際則是用「高高在上」的姿態看待父母。就算因為年齡增長而成為社會上的弱者,父母還是父母。不能因為接父母來與自己同住,就把他們的尊嚴踩在腳下。

特別是外出和父母說話時也要顧慮周遭的目光。舉例來說,我在醫院常聽到子女對父母說「爸爸,您要好好聽醫生的話喔」或「媽媽,不可以給護理師添麻煩」。在外人面前被子女說這種話,父母的面子蕩然無存,心情當然好不到哪去。

你可以把父母「當成年長者」尊重,但千萬別把父母「當成小孩子」管教。

58 當父母沒動力做復健時，可給予積極的鼓勵

跌倒或腦梗塞的後遺症，使得不少銀髮族被迫過起行動不便的生活。無法好好說話、沒有輪椅就哪也去不了、半身麻痺等等的狀態，使生活再也不像過去那樣隨心所欲。這種時候，只有意志非常堅強的人，才能維持和過去一樣開朗的心情。

大部分的人原本過著可以自由行動的生活，可以正常說話，手腳也不會不聽使喚。一旦這些理所當然在一夕之間變成做不到的事，心情當然會焦慮、不悅。有些人願意接受現實，開始努力復健或訓練，但也有人就此自暴自棄。甚至有人

失去生存的意願，封閉內心。

在醫療第一線，我們醫療人員會透過治療和復健，幫助病患身體一點一點恢復。生病的時候或許無法馬上打起精神接受治療與復健，但醫生、護理師與復健師一定會持續鼓勵病患，希望他可以投入往後的治療和復健。

其中，最重要的是來自家屬的理解與支援。醫療人員當然會以病患的身體狀況為最優先，擬定適當的治療和復健計畫，但是，心理上的支援也是不可或缺的一環。尤其最能達到激勵效果的，終究還是家屬的力量。

舉例而言，聽到醫生說「令尊似乎太拚命了，有點教人擔心」，家屬最好能建議病患「稍微放慢速度，慢慢來吧」，避免病患太過勉強自己。相反地，面對老是提不起勁治療或復健的長輩，則可以用「明年春天我們一起去賞櫻」，或「下次我們去賞楓」等設定明確目標的方式，鼓勵病患努力在期限前康復。

另一種讓病患積極起來的方法，就是「贈送漂亮的鞋子」。復健期間只能穿防止跌倒的鞋子，這種功能鞋完全稱不上時髦。此時不妨送病患一雙好走又好看的鞋子，鼓勵對方「康復之後，就穿這雙鞋一起出門走走」。有時不一定要真的送鞋子，也可以拿鞋子的型錄或雜誌問長輩：「覺得這雙如何？」

如果父母說：「我的腿不行了，走不動！」的時候，就用開朗的語氣回答：「推輪椅只是小事一樁，交給我吧！」然後繼續說：「不過，穿著這雙鞋出門心情一定會很好吧？」

等長輩復健到能夠走路了，贈送「手杖」也不錯。不是實用性質的手杖，最好選擇有設計感的時髦手杖。長輩拿著這種手杖走路，心情一定也會比較好。

不過，切記不能說出「身體好很多了耶，要繼續努力，不如拉長復健時間吧」，過度的激勵會帶來太大的壓力，要多加注意！

59

父母身體不聽使喚時，更要照顧他們的心

這個時代，參加市民馬拉松大賽或挑戰登山的銀髮族都不是什麼稀奇的事。不過，高齡者也很容易因為一點小意外就失去行動自由。

舉例來說，有些長輩因為腦梗塞的後遺症，無法自由言語及行動，也有長輩只是在家裡跌倒就骨折，不得不使用輪椅生活。

即使經過治療與復健，獲得一定程度的康復，但想維持與過往一樣的生活也不容易。原本過著想去哪裡就去哪裡的自由生活，現在別說出門小旅行了，連靠自己到附近散步或購物都沒辦法。

那麼，這種遭遇發生在自己父母身上時該怎麼辦？身體上的問題可交給醫療專家，但家人與子女必須成為當事人的心靈支柱才行。

突然失去行動自由的銀髮族，多半會陷入沮喪。

「明明今年夏天前還能去爬山，欣賞山上美麗的風景……」

「明明上個月還很享受自己騎車去圖書館的樂趣……」

像這樣，長輩們無法正視目前自己的狀況，只會不斷提起行動自由時的事。這種時候，家屬不妨對他們說：「是啊，不過等你好一點了，我也可以開車載你上山，還是能看到一樣美麗的風景。」或「有些圖書館坐輪椅也進得去喔。」讓他們知道，即使無法百分之百恢復從前的生活，至少想做的事不是完全做不到。要是這番話能令長輩的心情振作一點，那也已經很棒了。

曾有一位因為突如其來車禍，從此必須過輪椅生活的人告訴我：「坐在輪椅上看出去的高度，和以前用雙腿走路時不一樣，這才發現即使看的是同一個地方，風景也完全不同呢。沒想到活到這把年紀，還能有這樣的新發現。」

的確，昭和時代*的社會對身障者不夠友善，在輪椅上生活的人幾乎無法自由行動。然而，進入平成時代**後，無障礙空間漸漸普及，雖然進度緩慢，公共空間等環境設備也在逐漸改善中。今後的令和時代***，用輪椅行動時一定會更安全又輕鬆。

話雖如此，很多長輩可能還是會說「我不太會操作輪椅」，這時就是家人與子女派上用場的時候啦。只要告訴對方「推輪椅的工作就交給我吧」，失去行動自由的長輩也會放心許多。

* 編註：指一九二六年十二月二十五日至一九八九年一月七日。
** 編註：指一九八九年一月八日至二〇一九年四月三十日。
*** 編註：指二〇一九年五月一日開始至今。

60 父母出現失智傾向卻不願接受治療時，要先消除他們的不安

只想記住對自己有利的事，忘記對自己不利的事，是每個人的本能，而非老年人的專利。雖然這是維持精神穩定的方法之一，但如果生病時擅自解讀病情，難保病情不會繼續惡化，而失智症就是一個典型的例子。

即使醫師已診斷出「有失智的初期症狀」，依然有不少人堅持「我才不可能得那種病」。然而，這種反應正是失智症狀之一——無法正確判斷事實。

失智症雖然無法完全痊癒，靠服藥仍有可能維持現狀，減緩病況惡化。不過，如果沒有正確服用醫師開立的處方藥物，病情還是會惡化。

斥責父母或許會讓自己過意不去，為了說服他們，只好心平靜氣地說：「既然醫生都診斷出失智症了，還接受事實吧。」此外，也可以對父母說：「上了年紀任誰都可能會失智，這沒什麼好丟臉，何況也不是你的錯。」這樣的說法或許能稍微消除父母的不安，讓他們願意接受事實。

另外，失智的症狀之一就是「變得頑固」。本來上了年紀的銀髮族就會比以前更頑固，溝通時不但不能否定他們，連稍微強硬的語氣也不行，最重要的是「讓他們安心」。

以下是我朋友K的例子。某天，K的高齡母親在住家附近買東西時跌倒，導致大腿骨骨折，便住院治療。為防萬一，醫院想順便安排大腦斷層和血液檢查，卻被K的母親拒絕。K說：「檢查又不會痛，對身體也不會造成負擔，您就聽醫生說的接受檢查吧！」然而，無論怎麼說服，母親都不肯點頭。

K想不通母親拒絕的原因，於是來找我商量，我便這麼建議他：

「請你跟母親好好談一談，讓她敞開心房，這可能需要多花點時間，不過這樣才能問出真正的原因吧。假使不這麼做的話，她會愈來愈不信任醫院和家人，結果只是讓令堂受苦。」

後來，K和母親的談話中，終於明白她拒絕檢查的原因。原來，K的母親小時候曾親眼目睹父親過世前接受治療時痛苦的模樣，從此留下「醫院很可怕」的心靈創傷。

不限失智症患者，子女有時會為生病的父母擅自做出決定。但是，我們必須想想，在做這些決定之前，是否真的有考慮過父母的心情。我們經常聽說某人的高齡父母不肯好好服藥。銀髮族中雖然不乏依賴藥物的「藥物信徒」，像這樣「跟藥物保持距離」的人也不少。

對於這樣的人，首先要做的是「給予他們安心感」。先讓他們知道，市售藥物和拿醫院處方箋到藥局領的藥都很安全，可以安心服用。接著，不能只是說「好好吃藥才能把病治好」，更要具體說明「吃了這種藥，能達到什麼療效」，或是「病情能好轉到什麼程度」。此外，有些長輩可能會嘀咕「我上次有吃藥啊，可是根本沒效」。這是由於有些藥得服用一段時間才會發揮功效。

這種時候，如果只說「繼續吃下去就看得到效果了啦」，反而會讓不喜歡吃藥的人更不放心。「我問了護理師，這種藥好像至少要吃兩星期，才比較看得到效果，您就先吃兩星期試試看嘛。」告知服藥期間，或許是個好方法。

最後，對討厭看病的長輩還有一招，「聽說那位醫生評價很高喔」，或是「那位護理長好像很溫柔」，就像這樣，用醫療人員的口碑及人品，多少也能讓父母安心一些。

61
趁父母身體還健康時，一起討論「臨終」的事

如今在日本，「臨終活動」*不再只是一個風潮，可說已成為深入人心的觀念。日本人對「死亡」的意識，也從往日「只思考葬禮及墳墓」而產生了很大的轉變。

「臨終活動」這個詞彙廣為人知的開端，大概是來自某本雜誌「自己的葬禮與墳墓等人生最後一段路，就由自己生前先做好準備」的專題報導。由於報導內

* 譯註：原文為「終活」，指的是為人生最後一段路預做安排的各種活動。

容廣傳開來，「想自己決定人生最後一段路怎麼走」的銀髮族也增加了不少。

日本原本有視死亡為禁忌的歷史。因為忌諱，所以敬而遠之，也就傾向閉口不談。然而，年輕人也就罷了，但對於父母來說，回顧自己至今的人生，開始思考「總有一天會前往另一個世界」是很自然的事。

話雖如此，這也只限於父母身心都還健朗的時候。要是父母得了沒有康復希望的病，聽到子女提起這個話題，大概只會心想「說什麼要討論臨終活動，簡直像在叫我做好去死的心理準備一樣」。但子女想的卻是：「就因為剩下時間已經不多，才更希望爸媽思考人生最後一段路想怎麼走，用自己的方式過完最後的日子」。

不過這麼敏感的話題，到臨死之際才商量更是困難。趁著父母身體還健康，比方說，看到電視媒體播報知名人士的葬禮時，趁機提出「爸爸希望未來葬禮怎麼辦？」「媽媽認為舉行哪種葬禮比較好？」或許是最理想的商量時機。

近年來，只限家人及親近人士參加的小規模葬禮有增加的趨勢。就算往生的是受歡迎的演藝人員或知名文化界人士，也常在事後才發表已舉行完家祭的情況。

此外，延命治療也可說是「臨終活動」之一。像是胃造瘻或人工呼吸器等等，現代醫學已有顯著的發展，可以藉由外在處置延長壽命，不過或許中年人也可以和家人聊聊「萬一自己需要外在儀器延長生命時會想怎麼做」的事。以我自身經驗來說，在四十多歲時就先買好將來的墓地，感覺之後什麼都不用擔心了，心情也能就此穩定下來。

一切生命終究有盡頭。最重要的是認真度過每一天。這才是為父母留下不悔人生，迎向人生終點最重要的事。

62

和高齡父母溝通時，要放慢速度說清楚

任何時代都有「代溝」，親子之間當然也有。比方說，現在正步入中年的自己或妻子和高齡父母之間，一定曾經有過溝通不良的經驗。

不過，當難以溝通的對象是父母時，說不定只會認為「老年人就是頑固，真傷腦筋」，或「拿這麼任性的爸媽沒辦法」、「父母就是不知變通，根本沒辦法跟他們溝通」。的確很多長輩都聽不進年輕人的意見，暴躁易怒，緊抓著過去的豐功偉業，老愛故意作對，曾幾何時在我們眼中，上了年紀的父母往往成為這種難相處的人。

然而，仔細回想過去，在自己剛萌生自我意識的國中時代、開始思考將來的高中時代，甚至出社會或結婚後，都曾遇過和父母意見對立的場面，大家應該或多或少都有這樣的經驗吧。

請再看看身邊的其他人。工作時會遇到意見不合的同事，即使和朋友也會有溝通不良的時候，換句話說，當對象變為高齡父母時並非是溝通不順利的主因。

在和你同年齡或是年輕的族群裡，一定也有「根本聽不懂他想表達什麼」或「說話沒有邏輯」的人，還有那種不管問他什麼都能給出自信十足的回答，但卻完全搞錯方向的人。想當然耳，與父母談話也可能遇到這樣的情況。

既然如此，在和父母溝通時，有什麼是特別需要注意的呢？高齡長輩中不乏聽力衰退的人，加上年輕人講話速度快，長輩難免會有跟不上的時候。此外，含混不清的說話方式也會讓他們聽不清楚。

常在電車裡看到大嗓門的銀髮族，乍看之下他似乎沒有顧慮到周遭的人，其實原因多半是由於他的「聽力不好」。所以，跟高齡者或自己的父母說話時，請在不會為周遭帶來困擾的程度內，盡可能放慢速度、稍微提高音量，一字一字說清楚，這樣便能減低溝通不良的機率了。

63

當父母拒絕搬到都市同住時，請尊重並默默守護他們

與父母分隔兩地生活的子女，除了擔心父母的健康外，包括周邊環境的變化在內，放心不下的事可能還有很多。

上了年紀的人腰腿不好，記憶力和判斷力也漸漸衰退。明明只是小感冒，請長照家醫到府就診時，才發現視力和聽力都變差了，連牙齒也有不少毛病，造成生活上諸多的不方便。

要是住家附近有綜合醫院倒還好，出一趟門就能看完所有科目。就怕用走的可以到眼科，耳鼻喉科卻得搭公車，牙醫診所則需要搭電車才到得了，這麼一

來，出門就診本身便成了一項負擔。有些地方的狀況則是「早就不再像從前那樣，在附近的商店街就能買到需要的東西，要是不去遠一點的大型超市，便難以買齊每天要吃的食物」，像以上這種就醫、購物的例子一點也不稀奇。

此外，除了假扮親人打電話回家的詐騙外，最近還有假冒公務員（機構）詐騙的事件，可怕的社會案件愈來愈多。

「因為兩家銀行合併，您的金融卡已經無法使用」、「必須要變更銀行帳號」、「要退還一部分的醫療費，請提供您的帳號給我」等，接到上述這類電話時，一般人會覺得很可疑，而有所警惕。然而，對於銀髮族，尤其是有失智症狀的長輩卻不太會產生戒心，只會說「喔，這樣啊」，一下就上當了。

看到這種新聞，感到擔憂的子女會考慮接父母同住。但是父母卻認為沒問題，拒絕搬到都市生活。不想離開長年住慣了的地方，這種心情不是不能理解，只不過也有可能是父母逞強裝沒事。

此外，高齡者不想和子女同住的另一個原因是「住在一起會給子女一家添麻煩」。的確，原本住在鄉下的銀髮族，和住在都市裡的青壯年，生活步調及習慣都大不相同。不過，最近的銀髮族和年輕人想像的又不太一樣。

簡單來說，當父母說自己「總有辦法過下去」時，背後想傳達的可能是「我跟不上都市生活的速度」，或「其實我還很健康，無須人照料」，也有人是「與其被孩子或孫子嫌棄，不如自己隨心所欲生活還比較悠哉自在」。原本就過著「悠哉獨居生活」的人更是如此。

我很明白子女擔心遠方父母的心情，但也請體諒父母的心情。暫時默默守護長輩的獨居生活，這也是一種孝順的方式。只要頻繁與父母聯絡，一察覺他們不太對勁時，就趕緊回家看看，不用太過擔憂。

64
父母選擇獨居時，特別留意「衣食住」三個項目

對父母住得遠的人來說，就算雙親已屆高齡，只要他們感情好，身體健康，子女也就不會太擔心。但是，若父母容易生病，頻繁進出醫院，那事情可就得另當別論。至於高齡又獨居的父母，令人擔心的事又更多了。話雖如此，老家距離遙遠，實在也無法經常前往探視。所以，如果擔心獨居父母的人，請從生活最基礎的「衣、食、住」三個項目進行確認吧。

獨居高齡者中，經常可見「一件衣服走天下」的人。他們通常是嫌衣櫥換季麻煩，於是一年四季都穿一樣的衣服過日子。「都這把年紀了，也不會出門跟人

見面」，或許這是高齡者不在乎服裝儀容的原因。但是，除了配合寒暑變更衣物外，無論男女都該保持整潔。

此外，即使是高齡者，最好也能保有對流行的敏銳度。思考服飾的搭配能適度刺激大腦，讓人活得更積極。子女不妨和父母多聊一些「最近好像流行這種服飾喔」或「這種髮型應該很適合您」之類的對話。

至於「食」的部分，做給別人吃的時候，為了想讓對方吃到好吃的東西，總會比較用心下點工夫；如果只是做給自己吃，可能吃什麼都無所謂了。尤其銀髮族多半視「奢侈」為大敵，飲食生活自然力求簡單。不過，營養均衡的飲食才是健康的基礎。

這時就得對爸媽說：「有沒有好好吃飯？」、「飲食要考慮營養是否均衡喔」或「聽說親手做菜可以促進大腦活性化」。如果長輩嫌做菜麻煩，也可教他們使用「餐點外送服務」，偶爾轉換心情吃一些外食也不錯。

「住」也是很重要的項目。高齡者受傷的地點八成都在家中。例如：踩到放在地上的報紙或傳單，而不小心滑倒；被橫越走廊的家電產品電線、門檻或階梯絆倒等等，都是經常發生在高齡者身上的意外。

此外，脫衣處與浴室內溫差太大，易引發血壓劇烈波動，或因身體變得不靈活，無法跨越從前輕鬆就能跨過的浴缸邊緣，這些都是造成跌倒的原因。下次回老家時，記得確認以上與健康安全有關的項目，先幫父母做出因應對策吧。

65 不管與父母同住，或讓父母獨居，沒有一定的對與錯

有些住在都市的子女，想接鄉下的父母一起同住。此外，也有雖然不在同一個屋簷下，但彼此住得很近的情形。

舉某位男性的例子來說，他在父親過世後，一直放心不下老家的高齡獨居母親。因為他知道鄉下地方人口外流嚴重，過去熱鬧的商店街也變得冷清，生活愈來愈不方便。怕有什麼萬一時，母親一個人會處理不來，便提出要母親搬來跟自己一家住的建議。

然而，他母親卻說：「我自己一個人也過得去，不想搬到陌生的地方。」他

卻以「搬過來就能常常和孫子在一起了，就算是陌生的地方，住久也會慢慢習慣嘛。再說您一個人住，要是受傷了怎麼辦，這樣我會很擔心」極力說服母親搬來同住。沒想到，住在一起之後，母親卻漸漸失去活力。

許多銀髮族就算必須一個人生活，也寧可住自己熟悉的地方，不願意改變原有的生活。這是因為年紀愈大，適應新事物的能力愈差，也愈跟不上環境的變化。

此外，說來或許令人意外，和子女及孫子住在一起的生活，對長輩而言，其實也是一種痛苦。畢竟子女和孫子各有他們自己的生活步調，和長年住在鄉下的老年人完全不同。

如果想和父母一起生活，建議先設定一個「試住期」，一開始先對長輩說：「您就當來住別墅渡假看看」，為將來住在一起的生活暖身。

假如嘗試過後發現不順利，還是分開生活比較好的話，即便彼此距離遙遠，只要一年回去探望幾次，平時記得多打電話關心，彼此還是能過得幸福。

另一方面，也有因為各種原因，打從一開始就無法考慮和父母住在一起的人。這種情形下，可以利用各種照護服務，協助長輩獨自生活。用自己能力所及的方式從旁照料父母的生活才是聰明的做法。請父母入住長照機構也是一個方法。

子女在自己能力所及範圍內前往探望父母，確認「身體狀況如何？有沒有缺少什麼？」這就是所謂「遠距離照護」。

過去，子女將父母送到安養院等設施時，往往招來周圍「忘記養育之恩，竟然將父母送進長照機構，真是太無情了」，或「長子和父母生活、照顧父母是天經地義的事」、「就算辭去工作也該在家照顧父母」等批評與指責。然而時代已經改變，親子之間的狀況只有雙方當事人最清楚，沒必要受旁人影響。

站在父母的立場，多半認為「與其讓孩子做不習慣的事，造成他們的負擔，不如借助專業照護的力量」，也有人說「正因為是一家人，所以才不希望給孩子添麻煩」。每個家庭都有最適合自己的照護方式，不需要拘泥於某種形式，也沒有正確答案的存在，只要能讓彼此安心生活，就是最佳方案。

66 好好照護父母的五大重點

思考如何照護父母時，有以下五個重點。

首先，最重要的是被照護者，也就是父母本身的意願。第一件該討論的事，就是選擇「住在一起」的照護，還是「分開來住」的照護。

舉例來說，假設子女生活在都市，父母生活在鄉下，子女返鄉照護父母也是一個辦法。因此會有「希望孩子回家照顧自己」的父母，也有說「我會想辦法，希望孩子維持原本生活」的父母。

此外，當子女提議將父母接來都市生活，一樣會有高興地問「真的可以去嗎」的父母，和「不想離開老家」的父母。如果父母想留在老家，可以先找市區公所或地區社福人員商量後續的照應。不管怎麼做，最重要的還是尊重被照護者的意見。

第二個重點是生活環境的問題。最近「極限村落」*蔚為話題，在高齡化與少子化嚴重的地方，商店街經營無以為繼，整條街的店鋪都拉下鐵門，想購物就一定要開車外出，生活變得很不方便。在某些地方，原本走路就可到的醫院也關閉了。如果父母住的地區有這種狀況，需要提早決定因應的對策。

第三個重點是照護者本身的問題。對生活在都市，正處於職場黃金期的子女

* 編註：日本原文是「限界集落」，由日本社會學者大野晃提出，意思是指農村因人口外流導致空洞化與高齡化，而且六十五歲以上人口超過半數。

來說，必須思考自己有沒有搬回父母身邊的可能性。儘管不少上班族都有「單身外派」的經驗，為了照護父母「單身搬回老家」的可行性又是多少？

反過來說，若是要接父母來都市居住，又必須思考住家空間夠不夠大，長輩是否能與家中其他人相處的問題。沒有仔細思考就採取行動，之後可能會讓配偶與小孩活在壓力中。

第四個重點是接高齡長輩同住後，對方能否適應新環境的問題。當然，這得端看每個人的個性。但是，對長年住在鄉下的長輩來說，都市生活應該既吵雜又令人坐立不安吧。即使是年輕時適應能力強的人，隨著年齡的增長，有時也會有適應不良的問題，這是無可奈何的事。

最後一點，就算解決了各種問題，只要經濟上有困難，還是無法實現理想的同住生活。假設子女決定從都市搬到鄉下，賣掉現在一家人住的公寓，若是貸款還沒付清，反而會形成負債。也有人選擇賣掉老家的房屋及土地，卻發現金額遠不及當初預估的多，又會產生另一個問題。

就像這樣，照護父母必須克服的問題很多。為了不要事到臨頭時慌了手腳，還是提早討論父母的照護方式會比較好。

67 與照管專員保持良好互動，照護才能好安心

讓父母接受長照服務時，最關鍵的人物就是照顧管理專員，簡稱照管專員。在日本是受《照護保險法》保障*。

照管專員負責擬定照護計畫，聯絡市區公所或提供照護服務的業者，擔任居中協調的工作。為了讓使用者接受適當的照護服務，因此我們必須仰賴這位管理照護計畫的照管專員。

* 編註：在台灣則是受《長期照顧服務法》（簡稱長照服務法）保障，該法已於二〇一七年六月三日正式上路。

一般來說，在市區公所的照護保險課或地區整體支援中心都能找到照管專員。如果不知道該找誰比較好，也可以詢問長照家醫的意見，或請醫師介紹與醫療機構有聯繫管道的照管專員。此外，還可以找已經在接受照管專員服務的人，請對方幫忙打聽詢問。

決定照管專員之前，當然需要和對方溝通商量一番。站在使用者的立場，或許覺得只見幾次面難以下決定。因此請盡量在見面時的互動中，找出讓自己感到「可以放心」的對象吧。

在這裡提供選擇照管專員時，需留意的五個重點：

1 對方的遣詞用字條理分明。
2 擅長傾聽別人說話。
3 除了被照護者本人外，也會向家屬傳遞資訊，保持雙方互動（尤其是被照護者罹患失智症時，與家屬分享資訊更是不可或缺的條件）。

4 大多時候能連絡得上對方，不會故意失聯。

5 除了照護服務外，也擁有其他支援服務的相關知識。

以上這些，都是可以特別考慮的點。

若父母需要接受照護，而子女住在遠方時，第3和4點就更是重要了。特別提醒，子女即使住得遠，也不可將照護工作全部丟給照管專員，一定要定期與照管專員聯絡。

還有一點，即使已簽訂合約，開始接受照管服務了，人與人之間還是可能有合得來合不來的問題。當被照護者感覺到「跟這位照管專員就是合不來」時，最好先跟家屬討論。如果還是不順利，是可以換一位照管專員。

為了身心健康，不要太勉強自己比較好，這是毋庸置疑的事。

68

對照服員心存感激，而非視其理所當然

居家照顧服務員（簡稱為照服員）的工作是到被照護者的家中近身照顧。具體提供哪些照護服務，由被照護者、家屬與照服員商量後決定。常見的服務有「身體照護」、「生活輔助」及「接送醫院回診，協助上下車」等。

身體照護指的是幫忙進食、更衣、沐浴或排泄等會接觸到身體的照護工作，實際照護前後的準備和收拾工作也包括在內。

生活輔助則是協助被照護者打掃、洗衣、乃至做飯、購物等家事，有時也會代替被照護者外出領藥等。換句話說，是提供被照護者日常生活起居各方面的基本協助。

接送醫院回診，除了協助上下車外，還包括走路時的扶持，推輪椅或幫忙在醫院窗口辦理手續等等。

要注意的是，照服員的工作是「到府照護」，他們既不是管家，也不是佣人，更不是專屬司機。有些人不管大小事都丟給照服員跑腿，或是一想到什麼就拜託什麼。別忘了照服員的職責是協助被照護者自立生活，並非家務代理人。

照服員是擁有各種執照的「照護專家」，彼此應該建立起互相信賴的關係，為此，被照護者及家屬必須對照服員心懷敬意與感謝之情。這才是讓照護工作順利進行最好的方法。

69

因失去配偶的失落感，而引發「老年憂鬱」的人很多

我常聽人說，原本以為自己父母離老年憂鬱還遠得很，卻意外發現他們整個人忽然呆滯，或一整天都露出憂鬱表情，令子女大受打擊。

有一位六十歲退休，以顧問身分繼續指導公司後輩的I，他在六十五歲時正式退出職場。之後，他在居住的地區當義工，過著悠閒自在的晚年生活。

沒想到，某天I在公園跌倒骨折，要好幾個月才能完全康復。家人去醫院探望時，他的精神都很好，還說「治好了之後要再繼續當義工」，後來卻變得十分鬱鬱寡歡。

憂心的子女詢問母親：「爸爸怎麼了？發生了什麼事？」起初也只得到「沒什麼事啊」的回覆。但是過了一陣子，子女再次回老家探望，總覺得父親看起來還是不對勁。因此，他們又問了一次母親：「爸爸到底怎麼了？」這時她才告訴子女，原來I快出院時，義工夥伴來探病時對他說：「請好好休息，不用勉強來當義工也沒關係。」

一心想著「要再好好加油」的I聽了那句話後，整個人就陷入沮喪之中。「大家當然是好意才那麼說，但你們爸爸卻以為人家不需要他，好像受了很大的打擊。」I的太太這麼說。出院後，I便開始拒絕外出。

對很多人來說，只要能夠被人依賴，努力生活就有價值。或許I認為自己失去了生存價值。

由於子女們擔心這樣下去，父親會因此罹患憂鬱症，只好拜託母親「天氣好的時候，請媽媽帶爸爸一起出門散散步。我們也會抽時間回來帶他出門」。

另一個例子是H的母親。某天，H的父親因心肌梗塞驟然離世，母親便她失去了相依多年的老伴。H擔心突然失去另一伴的母親，精神會受到打擊，於是提議「差不多該搬來跟我住了吧？」母親卻回答：「我才正要開始享受人生第二次的單身生活呢，別擔心我！」看上去比想像中開朗。他想母親才六十多歲，正是要享受人生下半場的年紀，而且健康方面也沒有問題，於是便尊重母親想獨居生活的決定。

不料，一段時間之後，H先生回老家一看，掛在牆上的月曆還停留在上個月。「怎麼了？」即使這麼問，母親也若無其事地說：「啊，不小心忘記翻了！」原本她很喜歡做手工藝，經常報名手工藝社團的活動，現在月曆上也看不到預定參加活動的行程。

「您不去參加手工藝社團活動了嗎？」H這麼問，母親沮喪地說：「肩膀老是痠痛，又一直做不好作品，就不想去了。」接著，H環顧屋內，雖然還不到「垃圾屋」的地步，散亂的程度一點也不像愛乾淨的母親會做的事。此外，廚房和浴室也很髒亂。

還有，不管H跟她說什麼，回答都心不在焉，也不會主動開口。一整天只是坐在電視機前。H心知不妙，便說「難得我回來，要不要一起出去買東西？也可以吃點好吃的」，即使如此，母親仍一副不感興趣的樣子說「你自己去就好，我沒關係！」H感到非常擔憂，這才發現母親當初說要享受人生第二次的單身生活，只是不想讓自己擔心而已。他懷疑母親是得了「老年憂鬱症」。

失去晚年能夠相互扶持的伴侶，即使不是銀髮族，在精神上也會受到相當大的打擊。原本描繪的人生設計圖瞬間瓦解，大概就是這種心情吧。

即使在長年照護之後才失去伴侶也一樣。從繁重的照護生活獲得解放的輕鬆，遠比不上喪失伴侶的失落感。此外，在照護時期，照護者往往靠著「我得要撐住才行」的心情努力，一旦失去照護的對象，有些人一時之間將找不到自我存在的價值。這樣的失落感容易發展成憂鬱症，是非常危險的警訊。希望大家都能理解這一點。

就算表面看上去有精神有活力，失去配偶的失落感仍非同小可。這種時候，子女要能同理父母的寂寞與空虛，體會長輩的心情。

70

面對無法康復的父母，盡量給予傾聽與陪伴

對於仍有治癒希望的病患，我們可以輕易說出：「只要暫時忍耐一下，就會過去了」，或「這是上天要你好好休息一段時間」等安慰鼓勵之詞，而且病患在家人或探病者面前也不會顯得心情沉重。問題是面對病情難以好轉的人，有時實在讓人說不出「你會好起來的」這種話。

舉個例子，明明對身邊的人或其他家人都說得出口，卻無法對生病的當事人說「你得了癌症」。尤其當病患是高齡父母時，有些家屬擔心告知實情會讓病患精神承受太大打擊，因而選擇隱瞞。的確一般有「心理影響生理」的說法，「不

要告訴當事人比較好」，有時也是正確的判斷。

不過，住院住久了，總是在接受各項檢查或對身體造成負擔的治療，病患難免懷疑「病情是不是惡化了」、「自己該不會得了不治之症吧」。若高齡長輩已經抱持這種疑心，就算家屬或來探病的人說「會好起來的」，長輩恐怕也不會相信。

漸漸地，病患開始會問「到底要住院到什麼時候？」「為什麼總是在做檢查？」或「我究竟生了什麼病？」試圖打聽自己的病狀。在這個容易獲得各種資訊情報的時代，要隱瞞到底也不是一件容易的事。

即使子女鼓勵生病的父母「沒問題、不要緊」，想試圖讓他們放心，只要內心知道病患沒有治好的希望，表情和動作都可能會洩漏自己正在說謊，無意間流露出過意不去的神情。有些人更可能因此自責。明明出發點是為父母著想，最後卻造成自己的心理負擔。

當病患表示「想知道真正的病情」時，應該由最熟悉病患想法與個性的家屬和醫生、護理師商量，做出要不要告知的判斷。假使決定告知，也要思考該怎麼表達才好。即使決定不告知，最好還是避免容易被看穿的安慰或不切實際的承諾。

假設已從醫生那裡得知「病患可能撐不到年後」，與其說出「明年春天絕對要一起去賞花」等讓病患無謂期待的話，不如說「今年春天的櫻花很美呢」，一起回憶美好情景。

其實生病的人某種程度都掌握得到自己的狀況，對病榻上的他們說：「很快就會康復的，不要擔心！」根本達不到激勵的效果。聽到子女隨便說出這種話，他們說不定還會生氣地說：「你根本不知道這個病有多痛苦」或「少隨便敷衍我！」結果反而讓病患不開心或不舒服。

基本上，人都討厭自己說的話遭到否定，病患更是如此。所以，最好保持鎮定的態度，盡量傾聽對方說話就好。

最好的做法是不要自己找話題，徹底扮演「聆聽者」的角色就好。聽對方說話時，基本上只要回應「對啊」、「嗯、嗯」或「我懂」等肯定的言詞，這樣會比說不該說的話好多了。

有些疾病會讓病患難以表達內心的想法。有時是發不出清楚的聲音，有些狀況則是根本無法開口說話。不過，長年相守的老伴或一起生活多年的家人通常還是能理解。

就算無法理解，若是反問「什麼？你說什麼？」只會對病患造成身體與精神的負擔。這種時候，只須「嗯、嗯」點頭，或是握著對方的手，輕撫他的背部，盡量讓病患保持平靜的心情就好。

人生顧問 430

與父母相處不內傷

擺脫憤怒與內疚，與年邁爸媽和平共處的70個實用法則

作　者—保坂隆
譯　者—邱香凝
主　編—郭香君
責任編輯—龍穎慧
責任企劃—張瑋之
視覺設計—兒日設計
內頁排版—新鑫電腦排版工作室

編輯總監—蘇清霖
董 事 長—趙政岷
出 版 者—時報文化出版企業股份有限公司
108019台北市和平西路三段二四〇號四樓
發行專線—（〇二）二三〇六—六八四二
讀者服務專線—〇八〇〇—二三一—七〇五
（〇二）二三〇四—七一〇三
讀者服務傳真—（〇二）二三〇四—六八五八
郵撥—一九三四四七二四時報文化出版公司
信箱—10899臺北華江橋郵局第九九信箱

時報悅讀網—http://www.readingtimes.com.tw
綠活線臉書—https://www.facebook.com/readingtimesgreenlife
法律顧問—理律法律事務所　陳長文律師、李念祖律師
印　刷—勁達印刷有限公司
初版一刷—二〇二一年十月十五日
定　價—新臺幣三六〇元

時報文化出版公司成立於一九七五年，
並於一九九九年股票上櫃公開發行，於二〇〇八年脫離中時集團非屬旺中，
以「尊重智慧與創意的文化事業」為信念。

與父母相處不內傷：擺脫憤怒與內疚，與年邁爸媽和平共處的70個實用法則 / 保坂隆 著；邱香凝 譯.
-- 初版. -- 臺北市：時報文化出版企業股份有限公司, 2021.10
面；　公分. --（人生顧問；430）
譯自：精神科医が教える 親のトリセツ

ISBN 978-957-13-9453-4（平裝）

1.家庭衝突　2.親子關係　3.親子溝通

544.182　　110015334

SEISHINKAI GA OSHIERU OYA NO TORISETSU
BY Takashi HOSAKA

ISBN 978-957-13-9453-4
Printed in Taiwan